MÉDECINE CHINOISE PAR LES PLANTES

PETIT GUIDE DU BIEN-ÊTRE

MÉDECINE CHINOISE PAR LES PLANTES

EVE ROGANS

KÖNEMANN

Titre original : *In a Nutshell Chinese Herbal Medicine*

Traduction : Dominique de Saint-Ours pour **mot.**
Révision : **mot.**
Réalisation : **mot.**, Paris
Chef de fabrication : Detlev Schaper
Impression et reliure : Sing Cheong Printing Co. Ltd., Hong Kong

Imprimé en Chine

NOTE DE L'ÉDITEUR
Les informations contenues dans ce livre ne sauraient remplacer un avis autorisé. Avant toute automédication consultez un praticien ou un thérapeute qualifié.

Crédits photographiques :
A-Z Botanical Collection Ltd, Bridgeman Art Library, e.t. archive, Harry Smith Collection, Science Photo Library, Werner Forman Archive et Zefa.

Remerciements particuliers à :
Stephen Sparshatt et Carys Lecrass pour leur concours photographique.

ISBN : 3-8290-2075-9
10 9 8 7 6 5 4 3 2

Sommaire

Qu'est-ce que la médecine chinoise ?

CI-DESSUS ***Aujourd'hui, on étudie toujours les enseignements du sage chinois, Confucius.***

LA MÉDECINE CHINOISE *est un système de diagnostic et de soins basé sur une vision holistique (complète, entière) de notre corps, nos pensées et notre esprit, en liaison avec l'univers. Elle s'appuie sur les idées spirituelles du taoïsme, un système philosophique chinois qui repose sur notre interaction harmonieuse avec l'environnement.*

Au cours des vingt dernières années, la médecine chinoise a connu un essor considérable en Occident.

L'acupuncture a été la première thérapie chinoise à être largement acceptée par les patients occidentaux. Cette reconnaissance traduit un intérêt de plus en plus marqué pour les traitements médicaux alternatifs. Ceux qui souffraient de mal de dos et de stress, par exemple, souhaitaient recevoir autre chose que des pilules pour soigner leurs problèmes chroniques. L'acupuncture leur offrait une option à la fois sûre et efficace.

Durant la dernière décennie, la phytothérapie chinoise a gagné en notoriété en Angleterre et aux États-Unis où elle a été saluée unanimement par le corps médical pour son efficacité dans le traitement des maladies de peau.

CI-DESSUS ***Un médecin de campagne applique le remède chinois de la moxibustion sur le dos d'un patient.***

LA MÉDECINE CHINOISE TRADITIONNELLE (M. C. T.)

La médecine chinoise est un système ancien qui a évolué sur plus de 2 000 ans et s'appuie sur la philosophie d'une civilisation radicalement différente de la nôtre. Elle a, par conséquent, développé sa propre manière de percevoir le corps et les processus de la maladie.

La médecine chinoise utilise une terminologie que les Occidentaux trouvent étrange. Elle dit par exemple que les maladies sont provoquées par l'Humidité, le Vent ou la Grande Chaleur. Les différentes maladies ne sont pas répertoriées selon les mêmes systèmes que ceux utilisés par la médecine occidentale (système nerveux et système endocrinien, par exemple). Pourtant, la médecine chinoise sait traiter avec succès les affections neurologiques ou endocriniennes, ainsi que des bactéries qu'elle ne reconnaît pas.

CI-DESSUS *Les plantes médicinales représentent une partie importante de la M. C. T.*

La M. C. T. considère le corps comme un tout et chaque maladie comme une « dissonance » spécifique. Les traitements visent à restaurer une santé harmonieuse en rétablissant l'équilibre du patient. Tout comme l'acupuncture et la phytothérapie, les traitements comprennent des exercices qui peuvent être facilement intégrés à la vie quotidienne : régime alimentaire, méditation et exercice physique.

À DROITE *La méditation est recommandée pour renforcer l'esprit.*

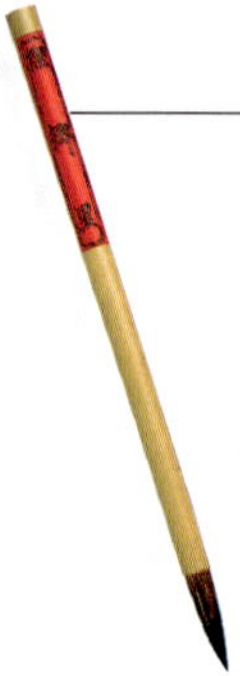

Un peu d'histoire

LES FORMULES *à base de plantes sont transcrites en Chine depuis le IIIe siècle avant J.- C.* Le Classique interne de l'empereur jaune, *ouvrage essentiel de la médecine chinoise, a été composé au Ier siècle de notre ère, mais la base du système était déjà bien établie à cette époque. Les premières séances d'acupuncture étaient pratiquées avec des morceaux d'os affûtés.*

CI-DESSUS **Depuis des siècles, les Chinois conservent des formules à base de plantes.**

Au cours des siècles, la pratique se développant, les médecins les plus expérimentés ont ajouté plusieurs milliers de formules à base de plantes et d'acupuncture aux théories établies. Le *Compendium impérial de la matière médicale* de l'ère Tai Pang, composé vers 985 après J. - C., contient 16 834 entrées à base de plantes en un seul volume.

Le *Shen Nong Ben Cao Jing* (206 avant J. - C.) est un autre ouvrage ancien consacré plus particulièrement aux remèdes à base de plantes ; ses formules sont encore utilisées de nos jours. En effet, la pratique moderne de la médecine chinoise reflète des traditions qui se sont élaborées pendant 3 000 ans.

CI-DESSUS **Cet idéogramme représente la médecine chinoise.**

LES PHILOSOPHIES DU YIN ET DU YANG

La médecine chinoise s'appuie sur les principes du Yin et du Yang (les forces « duelles » en perpétuel mouvement dans l'univers) et sur les Cinq Mouvements ou Éléments : l'Eau, le Feu, le Bois, le Métal et la Terre. Ces mouvements représentent la manière traditionnelle d'appréhender les changements de saisons et la façon dont les hommes s'y rattachent. Si nous ne sommes pas en accord avec les mouvements de la nature, nous tombons malades et si le Yin et le Yang sont en déséquilibre, la maladie surviendra inévitablement.

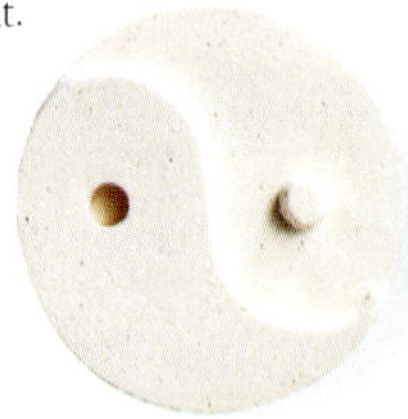

CI-DESSUS **Le symbole du Y et du Yang traduit leur interdépendance.**

FORMULES À BASE DE PLANTES

DONG GUA PI

Les premières formules à base de plantes étaient d'une grande simplicité et d'une grande concision ; les plus récentes sont beaucoup plus compliquées. Dans les deux cas, elles ont leurs forces et leurs faiblesses.

Un herboriste chinois diagnostiquera la discordance particulière d'un patient, choisira la formule médicinale correspondante et ajoutera ou enlèvera des plantes pour l'adapter au mieux à ce malade. Les plantes sont rarement utilisées séparément. Elles sont d'ordinaire mélangées dans des préparations contenant entre 5 et 15 substances différentes.

LIAN ZI

BAI ZHI

CI-DESSUS ***Pots contenant des plantes. Chaque plante possède des qualités et des propriétés différentes.***

ZE XIE

SHU DI HUANG

CI-DESSUS ET À DROITE ***Chaque prescription est composée de nombreux ingrédients différents, dont certains sont représentés sur cette page.***

OU JIE

Les concepts de base

CI-DESSUS **Le dragon contrôlerait le flux énergétique.**

LA MÉDECINE CHINOISE *est holistique - ce qui signifie qu'aucune partie de l'individu ou qu'aucune pathologie ne peut être comprise sinon dans son rapport au tout dont elle fait partie. La médecine occidentale s'attache à identifier la cause spécifique de chaque maladie et quand elle en a isolé l'origine ou l'agent, elle essaie de le contrôler ou de l'éliminer. La médecine chinoise s'intéresse également à la cause, mais plus encore aux réactions physiologiques et psychologiques que la maladie provoque chez le patient.*

LES TRAITEMENTS YIN ET YANG

Dans la philosophie chinoise des opposés complémentaires Yin et Yang, l'acupuncture est Yang parce qu'elle agit de l'extérieur vers l'intérieur, tandis que la phytothérapie est Yin parce qu'elle agit de l'intérieur vers l'extérieur. La phytothérapie peut compléter l'acupuncture ou bien être utilisée seule. Des maladies telles que les infections virales et les problèmes sanguins (anémie ou syndrome prémenstruel) répondent mieux à la phytothérapie qu'à l'acupuncture. On utilise également la phytothérapie pour soutenir les personnes trop affaiblies pour supporter des séances d'acupuncture.

LE SYMBOLE YIN YANG

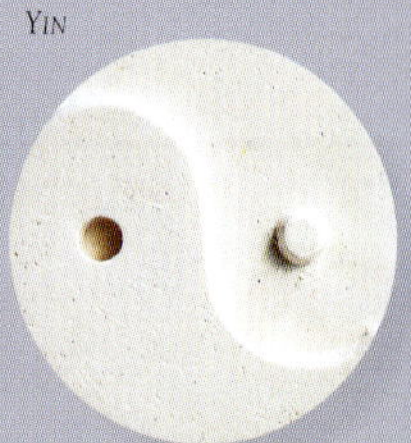

La courbe continue à l'intérieur du symbole Yin Yang indique que le Yin et le Yang se modifient constamment l'un l'autre. Le cercle emprunté à la moitié opposée indique que chaque partie contient un germe de l'autre.

YIN

YANG

LA THÉORIE DU YIN ET DU YANG

Les notions de Yin et Yang sont utilisées pour expliquer le changement perpétuel à l'œuvre dans la nature ; l'inspiration Yin, par exemple, est suivie par l'expiration Yang.

Toutes les choses ont à la fois un aspect Yin et un aspect Yang.

• Tout est relatif - une maladie Yin Froide peut présenter des aspects Yang.

• Yin et Yang dépendent l'un de l'autre - l'activité Yang est nourrie par la forme physique Yin.

• Yin et Yang se contrôlent mutuellement - s'il y a un excès de Yin, le Yang sera faible. Une maladie Froide et Humide (*voir* p. 30-31) rendra un patient immobile et inactif.

• Être en bonne santé suppose que les proportions respectives du Yin et du Yang sont relativement équilibrées. Être malade veut dire que ces proportions sont déséquilibrées. Un changement dans les proportions peut aussi être trop brutal - la fièvre et la sueur peuvent faire place à une commotion ou un refroidissement.

CI-DESSOUS *Les aspects complémentaires du Yin et du Yang.*

YIN	YANG
QUAND *La nuit*	QUAND *Le jour*
SAISON *Automne/Hiver*	SAISON *Printemps/Été*
ÉNERGIE *Passivité/Immobilité*	ÉNERGIE *Activité*
CORPS *Devant/Inférieur/Intérieur*	CORPS *Dos/Supérieur/Extérieur*
TEMPÉRATURE *Froid*	TEMPÉRATURE *Chaleur*
HUMIDITÉ *Mouillé/Humide*	HUMIDITÉ *Sec*
ORIENTATION *Vers le bas*	ORIENTATION *Vers le haut*

Le corps humain

CI-DESSUS **Le Chi investit tout le corps.**

LES CHINOIS considèrent le corps humain comme un système énergétique composé de substances différentes ayant une action réciproque : le Chi, le Jing, les fluides du corps et le Shen. Le Chi est l'élan vital qui imprègne tout le corps. Le Jing est l'essence de la vie. Le Sang - en plus de sa signification habituelle - nourrit le corps et le Shen. Les fluides du corps humidifient et lubrifient l'organisme. Le Shen représente l'aspect mental ou spirituel d'une personne.

Le Chi est également important pour la santé parce qu'il constitue l'énergie qui relie le Yin et le Yang. Avec le Sang et l'Humidité, il coule à travers le corps dans les méridiens, lesquels nous maintiennent vivants et en bonne santé. Quand le Chi coule librement, le Yin, le Yang et l'individu dans son intégralité sont en équilibre. Mais quand le Chi est déséquilibré, stagnant ou bloqué, il peut être à l'origine d'une maladie.

À GAUCHE **Le Chi peut être rééquilibré en pratiquant une série d'exercices appelés Qigong.**

À DROITE *Les points d'acupuncture sur le méridien du Poumon.*

FONCTIONS DU CHI

- Le Chi dirige les systèmes organiques (sanguin, nerveux et lymphatique).
- Le Chi est la source du mouvement et de la croissance.
- Il protège le corps des Influences Extérieures Pernicieuses (I.E.P) telles que les virus et bactéries, et les combat lorsqu'ils ont réussi à s'introduire dans l'organisme.
- Il participe à la transformation des aliments en substances organiques comme le sang, les larmes, la sueur et l'urine.
- Il maintient les organes à leur place respective et le sang dans les vaisseaux sanguins. Il prévient aussi une trop grande déperdition de sueur.
- Le Chi réchauffe le corps.
- On l'utilise pour décrire les fonctions de chaque organe. Au cours d'une maladie, le Chi du Poumon peut être faible ou le Chi du Foie bloqué.

LES MÉRIDIENS

- Les méridiens sont les canaux au long desquels le Chi coule à travers les organes et les parties du corps, en ajustant et harmonisant leur activité.
- La plupart des points d'acupuncture sont situés le long de ces canaux et la majorité des plantes prescrites par un médecin chinois emprunteront l'un ou l'autre de ces méridiens.
- Il y a douze méridiens principaux, chacun correspondant aux douze organes principaux du corps. Chaque méridien est bilatéral - avec un partenaire identique de l'autre côté du corps.
- Il existe six méridiens supplémentaires et d'autres méridiens de moindre importance que l'on appelle méridiens Luo.

LES ORIGINES DU CHI

- Selon la M.C.T., le Chi prénatal ou « énergie génétique » (Yuan Chi) de nos parents est entreposé dans les reins et fait partie de nos énergies.
- Le Chi du Grain (Gu Chi) est l'énergie libérée par la décomposition et la digestion des aliments.
- Le Chi de l'Air Libre (Kong Chi) pénètre dans notre organisme par les poumons.

LA MALADIE EXPLIQUÉE PAR LA THÉORIE DES MÉRIDIENS

La théorie des méridiens part du principe que tout trouble se produisant sur un méridien, ou à l'intérieur de l'organe connecté à ce méridien, provoquera des dysfonctionnements tout au long de ce méridien. Le méridien de l'Estomac, par exemple, court de l'œil jusqu'au deuxième orteil, via les dents, la mâchoire, l'abdomen et l'extérieur des jambes. Cela veut dire que des maux de dents peuvent être provoqués

CI-DESSUS ***Idéogramme chinois du Cœur.***

TYPES DE MÉRIDIENS

- LES MÉRIDIENS YIN
Rein, Foie, Rate, Cœur, Poumons et Péricarde (considéré ici comme un « organe »).
- LES MÉRIDIENS YANG
Vessie, Vésicule Biliaire, Estomac, Intestin Grêle, Gros Intestin ainsi que le Triple Foyer (un mécanisme qui régule la température du corps et les parties Hautes, Centrales et Basses - jiaos - de l'organisme).

CI-DESSUS ***Idéogrammes chinois du Yin et du Yang.***

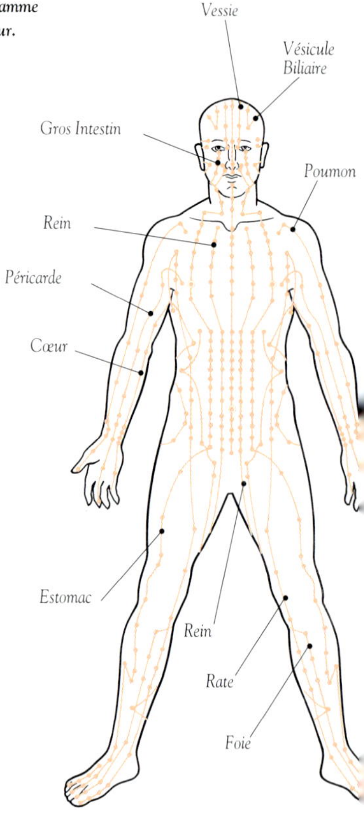

par un trouble qui se situe n'importe où sur le méridien de l'Estomac et que l'on pourra les soulager via ce canal. Ainsi, le Feu de l'Estomac est un déséquilibre qui peut être signalé par l'un de ces symptômes, des maux de dents en l'occurrence.

CI-DESSOUS ***Les méridiens sont des canaux invisibles au long desquels le Chi irrigue l'organisme. Il y a douze méridiens principaux.***

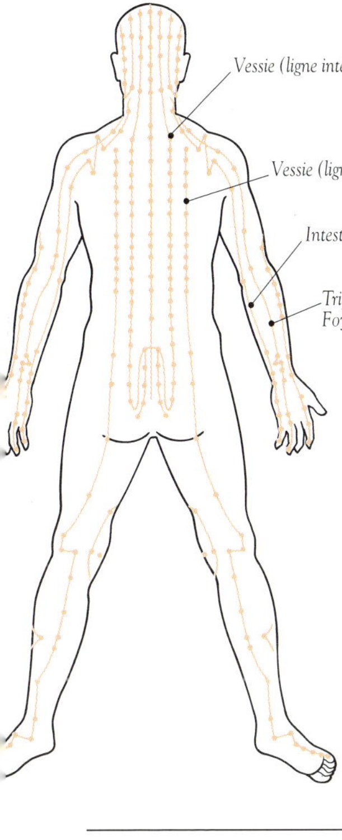

LE DÉFAUT D'HARMONIE EST SOURCE DE MALADIE

Au cours d'une maladie, les méridiens concernés manifestent différentes tendances au dysfonctionnement. La Rate, par exemple, a une tendance à un dysfonctionnement vecteur d'Humidité - ce qui provoque des symptômes comme la diarrhée ou la fatigue. Le Foie, lui, est porté vers le Yang Montant : yeux rouges et douloureux, migraines et hypertension. Ce sont ces types de dysfonctionnements que traite la phytothérapie chinoise.

À GAUCHE ***Idéogramme chinois du Foie.***

À DROITE ***Idéogramme chinois du Péricarde.***

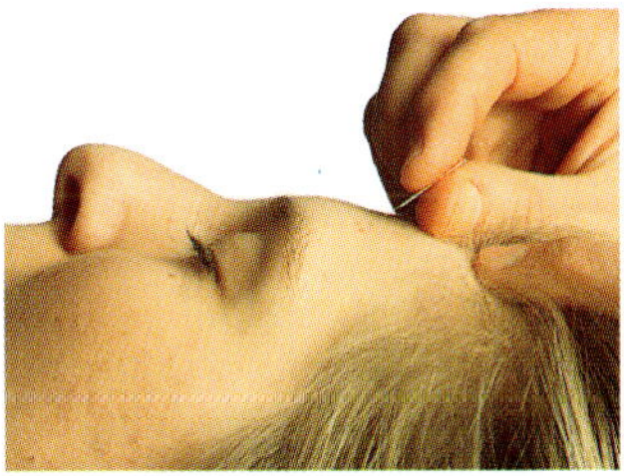

CI-DESSUS ***L'acupuncture élimine les obstacles tout au long des canaux invisibles de l'organisme.***

Consulter un herboriste chinois

LORS D'UNE CONSULTATION *avec un praticien chinois, celui-ci vous posera des questions détaillées sur le problème qui vous amène chez lui - sa date d'apparition, ses symptômes et ce qui l'améliore ou l'aggrave. Ensuite, il vous interrogera sur vos antécédents médicaux, votre mode de vie et votre état de santé général.*

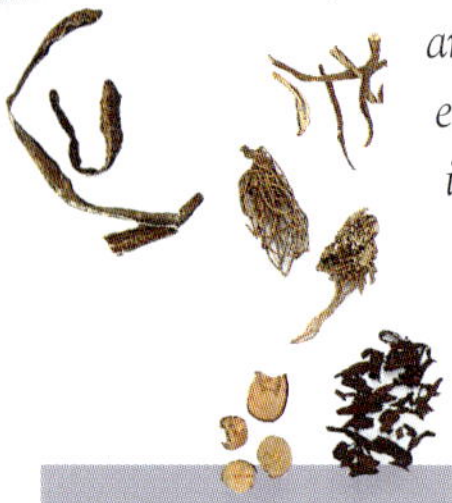

À GAUCHE ***Une prescription peut contenir un assortiment complexe de plantes.***

LA CONSULTATION

Tenez-vous prêt à répondre à des questions sur les sujets suivants :

- Votre appétit, régime alimentaire, digestion, selles et urine.
- Votre rythme de sommeil.
- Si vous souffrez de troubles chroniques comme des maux de tête ou des douleurs dorsales.
- Si vous avez des problèmes avec la sphère O. R. L. (oreilles, nez et gorge).
- Votre consommation de médicaments, d'alcool et de tabac.
- La température de votre corps (êtes-vous plutôt une personne « chaude » ou « froide »).
- Votre circulation.
- Vos niveaux de transpiration.
- Vos niveaux d'énergie, votre état mental et émotionnel.
- Gynécologie - menstruation, grossesse, ménopause.

Enfin, le praticien prendra votre pouls au poignet et examinera attentivement votre langue.

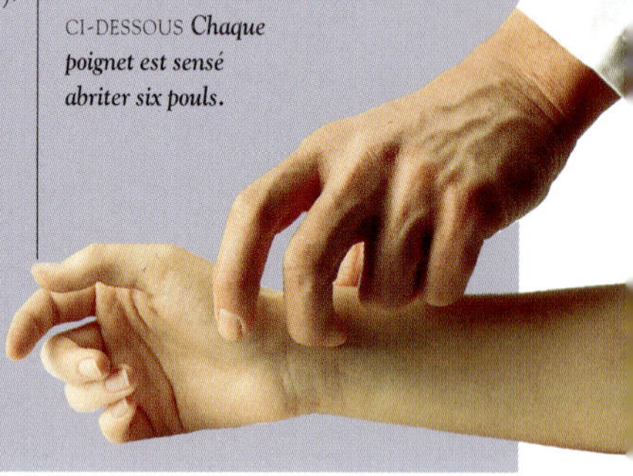

CI-DESSOUS ***Chaque poignet est sensé abriter six pouls.***

DIAGNOSTIC

Le phytothérapeute établira son diagnostic selon les principes chinois et compulsera probablement des ouvrages de référence pour trouver la formule à base de plantes la plus appropriée à votre cas. Il rédigera une ordonnance personnalisée, qui comprendra un mélange de quatre à vingt plantes avec leurs dosages en grammes ou en *qian* (une mesure chinoise).

Les noms des plantes seront en français, latin ou en caractères chinois. Ensuite, le praticien préparera l'ordonnance pour vous, ou vous enverra chez un herboriste qui s'en chargera.

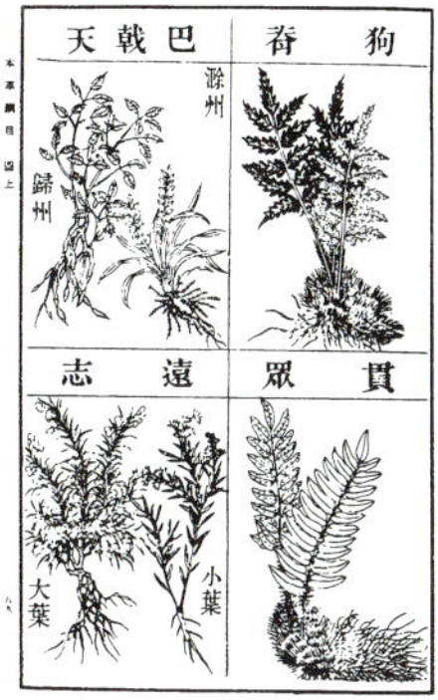

CI-DESSUS ***Ce livre ancien énumère les plantes et leurs applications.***

COMMENT TROUVER UN PHYTOTHÉRAPEUTE

Vous pouvez contacter un praticien qualifié en consultant des associations de professionnels. Pour de plus amples informations, reportez-vous à la page 59 de ce livre.

À DROITE ***Le praticien procédera à un interrogatoire détaillé.***

TRAITEMENT

Le traitement nécessite généralement deux à trois prises quotidiennes jusqu'à ce que le problème ait été résolu. Les remèdes peuvent prendre la forme de décoctions (préparées en faisant bouillir un paquet de plantes séchées), de poudres (également bouillies et bues), de teintures (boire seulement la dose recommandée) ou de comprimés.

Après la première consultation, qui peut durer jusqu'à une heure et demie, vous devrez voir votre praticien une fois par semaine ou tous les quinze jours. Ceci permet de modifier la prescription au fur et à mesure que les symptômes évoluent et que vous commencez à aller mieux.

Le temps que votre organisme s'habitue aux plantes, vous pourrez souffrir de légères nausées, de diarrhées ou de problèmes digestifs. Ceci est normal et plutôt bon signe. Si ces symptômes sont trop gênants, réduisez le dosage de moitié, puis augmentez-le progressivement jusqu'à la dose initiale sur une période plus longue. Votre praticien peut aussi ajouter plus de plantes qui favorisent la digestion pour une meilleure tolérance.

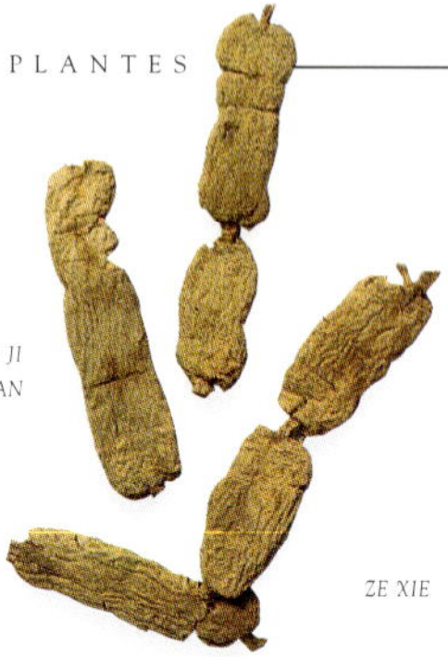
BA JI TIAN

ZE XIE

HUA SHI

XIN YI HUA

Une fois le traitement bien entamé, vous pouvez voir ou même téléphoner à votre praticien une fois par mois pour le tenir au courant de son évolution. Les plantes médicinales ne doivent pas être consommées pendant plus de trente jours sans ajustement.

ATTENTION

Ne préparez pas vos propres remèdes sauf sous le contrôle d'un herboriste qualifié.

CI-DESSUS ET À DROITE
La médecine chinoise a recours à de nombreuses substances animales, végétales et minérales. Voici quelques-uns de ses mille remèdes.

CI SHI

WA LENG ZI

SHI JUE MING

JI XUE TENG

MO YAO

WAN BU LIU XING

HU PO

SHI CHANG PU

LES PLANTES CHINOISES

La phytothérapie chinoise utilise les différentes parties des plantes - feuilles, fleurs, fruits ou zestes de fruits, brindilles, racines, écorces ou champignons. Quelques minéraux, le gypse par exemple, peuvent être prescrits, mais c'est moins fréquent. Beaucoup d'éléments d'origine animale - serpent, os de mammifères, bois de cerfs - sont aussi utilisés par la médecine chinoise traditionnelle. Dans l'ensemble cependant, l'importation de produits animaux a été interdite et les praticiens qui exercent en Occident utilisent maintenant des substituts.

YAN HU SUO

AUTRES THÉRAPIES CHINOISES

La phytothérapie peut être utilisée comme auxiliaire à d'autres formes de thérapies chinoises, telles que l'acupuncture, le massage ou la consultation d'un nutritionniste chinois. Ces thérapies peuvent traiter votre problème actuel, tandis que la phytothérapie s'attache à corriger un déséquilibre de fond.

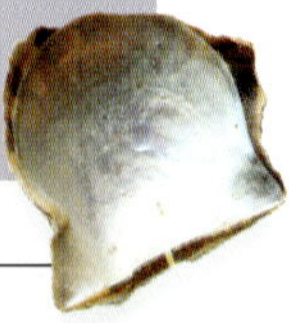

ZHEN ZHU MU

La théorie des plantes

LES PLANTES *sont répertoriées selon leur goût : piquant, sucré, amer, acide, salé et fade et leur température : Chaud, Froid, Tiède, Frais, Neutre. Il existe également des degrés intermédiaires.*

Les maladies Chaudes doivent être traitées avec des plantes froides ou fraîches, mais il est important de ne pas trop rafraîchir le corps, sinon celui-ci cherchera à compenser en chauffant à nouveau. Les maladies Froides doivent être traitées avec des plantes Chaudes, avec la même mise en garde que précédemment.

Les ordonnances contiennent des plantes qui préviennent d'éventuelles réactions et d'autres qui permettent une digestion optimale.

SHENG DI HUANG
Sucré, amer, froid

À DROITE **Les actions de certaines plantes chinoises.**

LES PLANTES ET LEURS PROPRIÉTÉS

REN SHEN
Sucré, légèrement amer, tiède

CHEN PI
Piquant, amer, tiède, parfumé

FU LING
Sucré, fade, neutre

GUI ZHI
Piquant, sucré, tiède

JIE GENG
Amer, piquant, neutre

POUR VOTRE SÉCURITÉ

Le meilleur et le plus sûr moyen de guérir consiste à réaliser votre propre mélange de plantes à partir d'une formule ancienne qui a déjà fait ses preuves.

À GAUCHE *Les prescriptions doivent être soigneusement équilibrées.*

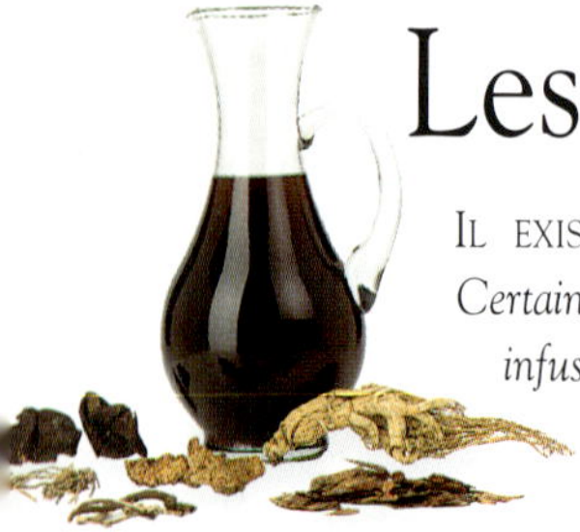

CI-DESSUS **Les plantes sont bouillies à l'eau et filtrées pour obtenir une décoction.**

Les préparations

Il existe plusieurs façons de consommer les plantes. Certaines peuvent être ajoutées à la nourriture ou bues en infusion, mais les plantes chinoises sont rarement prises séparément - elles corrigent les déséquilibres bien plus efficacement dans une ordonnance composite, formulée pour répondre aux besoins de chacun.

LES SIROPS

- Médicaments sans ordonnance ; principalement contre la toux ou en fortifiant pour les enfants.

LES TEINTURES

- Plantes en suspension dans une solution alcoolisée.
- Une cuillère à café (5 ml) de liquide à prendre 2 à 3 fois par jour.
- Les teintures sont plus agréables à avaler, mais moins puissantes que les décoctions ou les poudres.

LES PLANTES

Le goût des plantes peut paraître étrange au début, mais on s'habitue vite à leur saveur particulière et beaucoup de personnes finissent par les apprécier.

Conservez les plantes cuites dans votre réfrigérateur.

CI-DESSOUS **Les décoctions vous font profiter au maximum des vertus des plantes.**

LES POUDRES

- On considère que les poudres sont moins puissantes que les décoctions.
- On prend une cuillère à café (5 ml) de plantes cuites, lyophilisées et pulvérisées 2 à 3 fois par jour. On verse sur ce mélange un peu d'eau pour obtenir une pâte, à laquelle on ajoute un peu d'eau bouillante.
- Les poudres n'ont pas très bon goût, mais elles sont faciles à préparer et efficaces.
- Les poudres sont plus faciles à préparer que les décoctions.

LES DÉCOCTIONS

- Des paquets de plantes séchées sont bouillis dans une grande casserole d'eau bouillante pendant environ 30 minutes, jusqu'à ce qu'il n'en reste plus que deux tasses.
- Les décoctions sont souvent filtrées et bouillies à nouveau pour être consommables un jour ou deux.
- Leur odeur est pire que leur goût !

À DROITE *La Ren Shen américaine tonifie le Yin Chi.*

À DROITE *Les plantes doivent être séchées et pulvérisées.*

LES CATAPLASMES

- Utilisés contre les affections rhumatismales (Vent, Humidité - *voir* p. 30-31) ; très efficaces pour soulager douleurs et raideurs locales.

CI-DESSUS *Les teintures sont stockées dans des bouteilles en verre.*

CI-DESSOUS *Gélules de Pai Yao du Yunnan, utilisées pour soigner les piqûres d'insectes.*

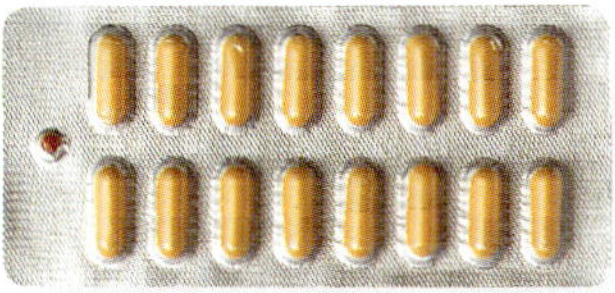

LES COMPRIMÉS

- Vendus comme médicaments sans ordonnance. Il s'agit de formules prédéfinies.
- Ils sont faciles à avaler, mais il faut en prendre beaucoup plus que les médicaments occidentaux traditionnels (jusqu'à huit comprimés à la fois).

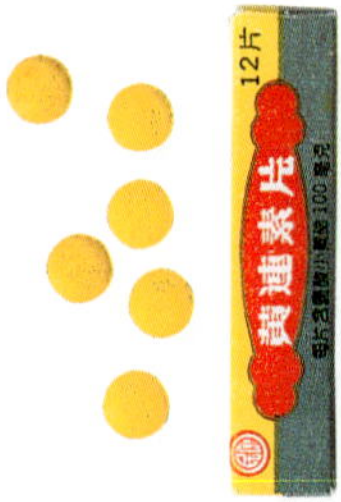

FORMULES BREVETÉES PRÉSENTÉES EN PILULES

Les préparations brevetées

POUDRE DE LOQUAT CONTRE LA TOUX

LES PRÉPARATIONS BREVETÉES *sont vendues sans ordonnance pour soulager des affections aussi diverses que les coups de froid, la grippe, les toux sèches et grasses, les infections de la gorge dues à des streptocoques, les rhumatismes et les douleurs et contusions consécutives à un trauma.*

Les médicaments sans ordonnance délivrés pour une toute autre cause que celles mentionnées plus haut doivent recevoir l'aval d'un herboriste. Les toniques chinois, en particulier, doivent être prescrits individuellement. Ils seront élaborés pour fortifier le Chi, le Sang, le Yin ou le Yang. Les remèdes sans ordonnance utilisés pendant une longue période doivent être prescrits par des herboristes qualifiés. On peut donner un tonique pour aider à résoudre des problèmes sous-jacents, chez les personnes âgées notamment, alors que les troubles urgents doivent faire l'objet d'un traitement approprié.

TONIQUE VÉGÉTAL

CI-DESSUS ET À GAUCHE ***Des formules classiques, qui ont fait leurs preuves depuis des siècles, sont désormais des produits manufacturés et brevetés.***

POUR VOTRE SÉCURITÉ

Dans le cas où les plantes sont prescrites sur une longue période, il est important que le praticien surveille de près toute manifestation de trouble rénal ou hépatique qui pourrait survenir pendant le traitement. Les plantes toxiques ont été interdites dans la plupart des pays occidentaux. Toutefois, certaines personnes peuvent souffrir de réactions particulières à certaines plantes. Des tests réguliers des fonctions hépatiques sont parfois recommandés par les praticiens, mais à ce jour, leur valeur est toujours contestée.

ENFANTS ET BÉBÉS

La phytothérapie chinoise peut être très efficace pour les enfants et les bébés. Les dosages pour enfants représentent généralement la moitié ou le quart des dosages pour adultes. Il y a plusieurs moyens d'encourager les enfants à absorber les plantes : soit en les impliquant dans la préparation de l'ordonnance, soit en adoucissant le mélange avec du miel, soit en leur offrant un biscuit après la prise ! Certaines poudres à base de plantes sont plus particulièrement destinées aux bébés.

CI-DESSOUS À GAUCHE ***La perspective d'une récompense sucrée facilitera l'absorption des médicaments.***

Essayez de faire un jeu de la prise de médicaments !

Offrez ensuite un biscuit

LA GROSSESSE

Beaucoup de plantes sont formellement interdites durant la grossesse, d'autres en revanche sont très bénéfiques aux femmes enceintes. Plusieurs d'entre elles peuvent prévenir les fausses couches. Si vous êtes enceinte, dites-le à votre praticien et ne prenez que les plantes qu'il aura prescrites. N'essayez surtout pas de vous soigner avec des médicaments sans ordonnance.

À DROITE ***Comme avec tout autre traitement médical, les plus grandes précautions doivent être prises pendant une grossesse.***

AVERTISSEMENT

Certaines préparations peuvent encore contenir des produits à base de substances animales. Assurez-vous que le remède que vous achetez n'en contient pas, car elles sont désormais illégales dans la plupart des pays occidentaux. N'achetez vos plantes que chez un herboriste ou un pharmacien reconnu.

Certains médicaments sans ordonnance contre l'insomnie et les troubles mentaux contiennent des substances minérales telles que coquille d'huître ou magnétite. À hautes doses, ces substances peuvent provoquer des indigestions. À n'utiliser que pendant une courte période.

Il ne faut pas prendre de toniques pendant un coup de froid ou une grippe, car ils ont tendance à repousser le Vent plus profondément dans l'organisme. Les toniques Chi font stagner l'énergie et peuvent par conséquent provoquer des ballonnements intestinaux s'ils ne sont pas prescrits correctement.

La terminologie médicale chinoise

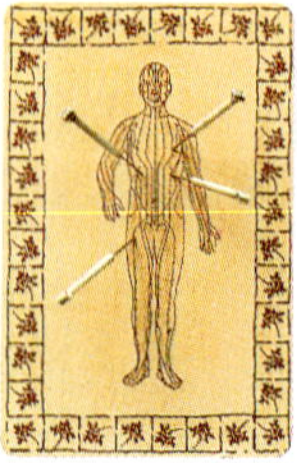

CI-DESSUS ***Les points d'acupuncture sont situés le long des méridiens.***

CE GLOSSAIRE *vous permettra de comprendre les fonctions principales des plantes dans le cadre de la philosophie médicale chinoise. Il explique la signification des organes dans la médecine chinoise traditionnelle, donne des détails sur les termes de base utilisés, révèle ce que traduit le goût d'une plante et les origines de plusieurs maladies.*

LES ORGANES (ET LEURS MÉRIDIENS CORRESPONDANTS)

Dans la M. C. T., la notion d'organes (Tsang Fu) diffère radicalement de sa signification occidentale. Quand les médecins chinois parlent d'un organe en particulier, il ne s'agit généralement pas de la structure physique de cet organe, mais de la suite complexe des fonctions qu'il accomplit dans l'organisme. Quand les noms des organes, des parties du corps ou des actions commencent par une majuscule, il s'agit de concepts chinois et des fonctions attribuées à ces organes ou parties du corps, et non de l'organe considéré d'un point de vue anatomique.

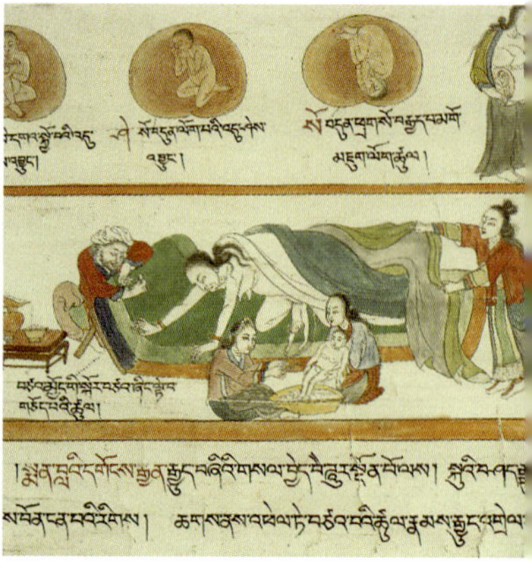

CI-DESSUS ***Ce texte ancien détaille la naissance et le système reproducteur.***

Le méridien du Rein par exemple, régit le fonctionnement de tout ce qui se trouve sur ce méridien, y compris les reins eux-mêmes.

Les Reins

Les Reins contiennent le Jing (énergie ancestrale) qui gouverne la naissance, le développement, la croissance et la reproduction. Ils régissent les os, s'ouvrent dans les oreilles et se manifestent dans les cheveux. Ils gouvernent aussi l'Eau (et tous les liquides organiques) et reçoivent et retiennent le Chi des Poumons.

La Rate

La Rate régit l'absorption de nourriture et de boisson, et facilite leur transport vers différentes parties du corps. La Rate est le principal organe digestif en M. C. T. Elle gouverne les muscles, les membres et le Sang. Elle soutient les organes, s'ouvre dans la bouche et apparaît sur les lèvres. Quand la Rate manque d'harmonie, une accumulation de fluides peut se produire et provoquer l'Humidité et l'œdème.

CI-DESSUS ***Idéogramme chinois de la Rate.***

Le Foie

Le Foie commande la libre circulation du Chi. La dépression, les problèmes menstruels et les crampes sont provoqués par des défaillances du Foie, qui conserve le Sang, s'ouvre dans les yeux et se manifeste dans les ongles. L'hépatite est la conséquence d'un Foie obstrué par la Grande Chaleur Humide.

À DROITE ***La Rate gouverne l'absorption des aliments.***

Le Cœur

Le Cœur régit le Sang et les vaisseaux sanguins et contient le Shen (l'Esprit). Si le Shen est harmonieux, l'esprit sera en paix ; s'il est perturbé, l'esprit sera agité et provoquera insomnies et défaillances de mémoire. Le Cœur se voit dans le teint et s'ouvre sur la langue - le bégaiement et les problèmes d'articulation sont souvent des problèmes du Cœur.

CI-DESSUS ***Idéogramme chinois du Foie.***

Les Poumons

Les Poumons gouvernent le Chi et l'extérieur du corps ainsi que la respiration. Ils s'ouvrent dans le nez et se manifestent dans la pilosité du corps. Les problèmes respiratoires, les coups de froid et la peau sèche sont traités par l'intermédiaire des Poumons.

Le Péricarde

Traditionnellement, le Péricarde est censé protéger le Cœur des attaques des maladies infectieuses. Ses fonctions sont similaires à celles du Cœur, mais il a un méridien distinct.

CI-DESSUS ***Idéogramme chinois du Cœur.***

La Vessie

La Vessie reçoit, emmagasine et transforme les fluides avant qu'ils ne soient éliminés dans l'urine. Une défaillance du Yang du Rein peut générer l'incontinence, diurne ou nocturne, et d'autres problèmes. Un ralentissement de l'écoulement de l'Eau peut entraîner l'accumulation de l'Humidité dans la Vessie, provoquant ainsi une augmentation de Grande Chaleur Humide (cystite).

L'Estomac

Connu comme « la Mer de Nourriture et d'Eau », l'Estomac distingue nourriture et boissons « pures » ou « impures ». La partie pure va dans la Rate qui la redistribue ; la partie impure descend vers l'Intestin Grêle ou la Vessie. Si la fonction descendante de l'Estomac est perturbée, il en résulte des renvois, des douleurs épigastriques et des hoquets.

La Vésicule Biliaire

La Vésicule Biliaire qui emmagasine la bile est très proche du Foie. Foie et Vésicule Biliaire sont impliqués dans l'hépatite, la cholécystite (inflammation de la vésicule biliaire) et les calculs. Dans le domaine des émotions, ils sont tous deux caractérisés par la colère et l'irritabilité.

TERMES DE BASE

Chi

L'élan vital ou l'énergie vitale. Quand le Chi se concentre, il forme le corps physique ; quand il se disperse, il devient la force motrice de tous les processus du corps. Il se manifeste dans les différentes fonctions qu'il exerce. Les symptômes de déficience du Chi comprennent la léthargie

À GAUCHE ***La chaleur extérieure dessèche et provoque des inflammations de la peau.***

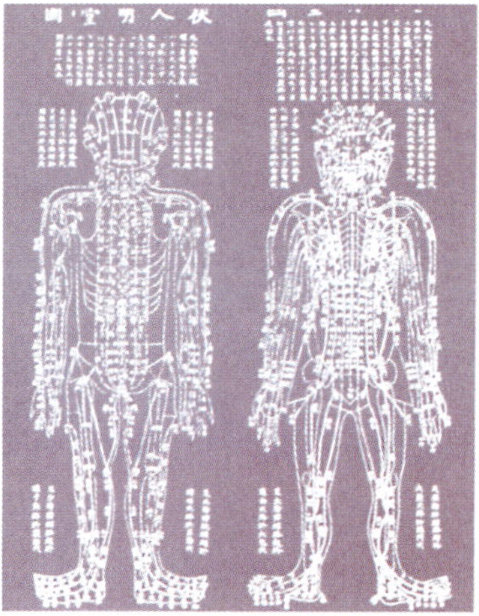

CI-DESSUS *Le système des méridiens consiste en douze canaux principaux.*

et l'apathie. On peut aussi parler de « carence du Chi » pour décrire un organe incapable de remplir son rôle.

Le Sang
Une forme plus dense, plus Yin, du Chi, qui nourrit et humidifie le corps.

Déficience du Sang
Quand le corps n'est pas suffisamment nourri par le Sang, il se caractérise par un teint pâle, des vertiges et la peau sèche. Une déficience du Sang peut aussi affecter des organes particuliers. Une déficience du Sang du Cœur, par exemple, se traduit par des palpitations.

Déficience du Yang
Une autre forme du déséquilibre du Chi, qui comprend presque toujours des symptômes du Froid.

Déficience du Yin
Cela signifie que le Yang ne sera plus contrôlé et s'élèvera vers le haut et vers l'extérieur, provoquant ainsi un écoulement nocturne des fluides qui se manifeste par des sueurs nocturnes et une peau sèche.

Tonifier
Augmenter la puissance ou la quantité de quelque chose (par exemple le Chi, le Yang ou le Yin) dans un méridien particulier lorsqu'il présente des déficiences.

Disperser/Endormir
Faciliter la séparation d'un Chi ou d'un Sang Stagnant, ou diminuer la puissance de ce qui est en excès dans un méridien particulier - par exemple, le Yin et le Chi.

CI-DESSUS
Idéogramme chinois du Péricarde.

Harmoniser

Concerne surtout les plantes qui agissent sur le Foie, quand il n'harmonise plus le Chi et le Sang dans l'organisme.

OU JIE

LES GOÛTS

En M. C.T., le goût d'une plante détermine en partie sa fonction thérapeutique.

- **Piquant**
Disperse et déplace le Chi. Concerne principalement les Poumons.

- **Sucré**
Tonifie, harmonise et quelquefois, humidifie. Concerne principalement la Rate.

- **Amer**
Draine et sèche. Concerne principalement le Cœur.

- **Acide**
Prévient ou inverse les écoulements anormaux de fluides et d'énergie. Concerne principalement le Foie.

- **Salé**
Purge les intestins et adoucit. Concerne principalement les Reins.

- **Fade**
Absorbe l'Humidité et favorise la miction, ce qui aide à la fois la Rate et les Reins.

À DROITE *Le Yin et le Yang sont au centre de la médecine chinoise.*

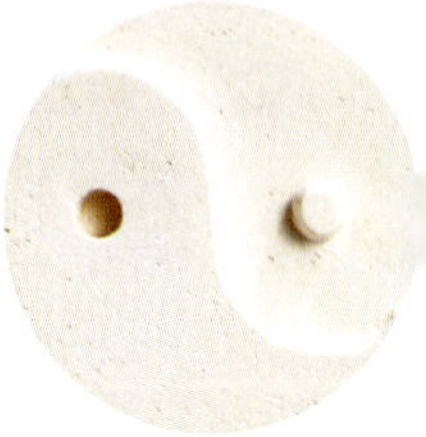

QUELQUES CAUSES DE MALADIES

Le Vent

Le Vent Extérieur concerne les maladies provoquées par une infection virale ou bactérienne, s'accompagnant habituellement de Froid (sensation de froid), de Grande Chaleur (fièvre) ou d'Humidité (nausées et vomissements). Le Vent Interne provoque spasmes, tremblements, démangeaisons, attaques d'apoplexie et torpeur. Une déficience hépatique est souvent l'une des causes du Vent Interne.

CHEN PI

CI-DESSUS *Une décoction est une méthode efficace pour absorber des plantes.*

Le Froid

Toute maladie provoquant une sensation de froid ou qui est aggravée par le Froid est une maladie Yin.
Le Froid ralentit la circulation dans les méridiens et le Chi devient incapable de circuler, ce qui provoque la douleur.

La Grande Chaleur/Le Feu

Maladie de type Yang, caractérisée par des symptômes tels que : forte fièvre, visage congestionné, soif, urine peu abondante et foncée, pouls rapide, hémorragies et éruptions cutanées.

L'Humidité

Maladie de type Yin, caractérisée par des symptômes d'humidité, de lourdeur et de lenteur. Elle peut être d'origine climatique, ou due à la consommation excessive de nourriture riche en humidité (produits laitiers, par exemple). Elle se distingue par une forte diarrhée, des pertes vaginales, une urine trouble, des douleurs articulaires lancinantes et une langue chargée. La Rate est l'organe le plus affecté par l'Humidité.

Le Flegme

Progression de l'Humidité et souvent, déficience chronique de la Rate, des Poumons et du Rein Yang.
S'il se combine avec le Vent, il peut provoquer paralysie faciale, crise d'épilepsie ou attaque d'apoplexie.

CI-DESSUS *Les méridiens de la Rate et du Foie se trouvent sur la jambe.*

La Sécheresse

Sécheresse des narines, des lèvres et de la peau et constipation.
La Sécheresse Extérieure perturbe souvent le fonctionnement des Poumons. Le tabac introduit une Grande Chaleur Sèche dans les Poumons, un organe qui a besoin d'humidité pour bien fonctionner.

FEUILLES DE RÉGLISSE

Les plantes chinoises

CI-DESSUS **Pesée des plantes dans une herboristerie.**

LES PLANTES CHINOISES *sont rarement utilisées séparément. Pour une prescription équilibrée, elles sont utilisées surtout en combinaison avec d'autres plantes. Celles que l'on trouvera décrites dans les pages suivantes comptent parmi les plus communément prescrites. À chaque plante correspond un dosage particulier. N'essayez pas de vous soigner vous-même sans l'avis d'un herboriste qualifié qui vous renseignera sur les proportions adéquates.*

À DROITE **On utilise les plantes chinoises pour soigner toutes les parties du corps en rééquilibrant le Chi, le Yin et le Yang le long des méridiens.**

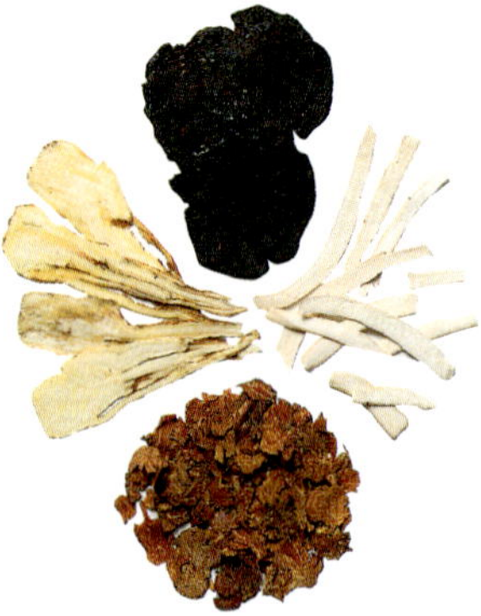

CI-DESSUS (DANS LE SENS DES AIGUILLES D'UNE MONTRE, EN PARTANT DU HAUT) ***Dang Gui, Bai Shao Yao, Chuan Xiong et Shu Di Huang.***

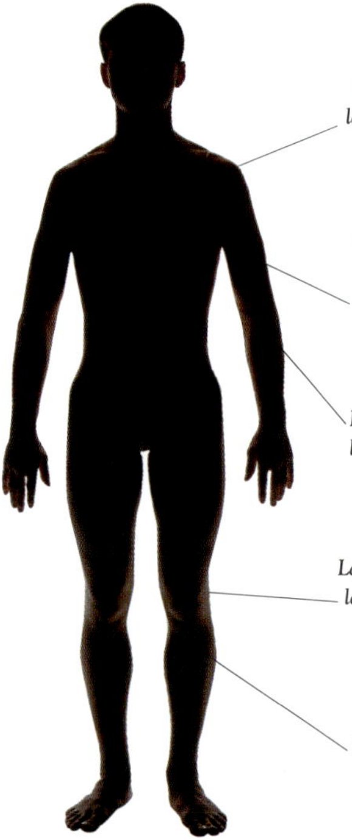

肺

La Gui Zhi pénètre le canal des Poumons.

腎

Le canal des Reins est parcouru par la Shu Di Huang.

心

La Dang Gui pénètre le méridien du Cœur.

脾

La Bai Shao Yao pénètre le méridien de la Rate.

肝

Le méridien du Foie est parcouru par la Chuan Xiong.

Sheng Di Huang

RADIX REHMANNIA GLUTINOSA

Racine de digitale chinoise

À DROITE ***Champ de digitale chinoise, d'où l'on extrait la Sheng Di Huang.***

生地黄

PROPRIÉTÉS
Sucré, Amer, Froid

MÉRIDIENS CONCERNÉS
Cœur, Foie et Rein

Plante très humidifiante et rafraîchissante. Elle est utilisée dans le traitement des fièvres ou au cours des maladies qui ont entraîné une diminution des fluides provoquant soif, irritabilité et rougeur de la langue. Elle est aussi utilisée - souvent avec la Bai Shao Yao - lorsqu'une Grande Chaleur dans le Sang provoque des hémorragies ; présence de sang dans les urines, saignements de nez ou vomissements de sang. On l'utilise aussi pour traiter le diabète et favoriser le remplacement des fluides. Parce qu'elle est humide, la Sheng Di Huang doit être prise avec des plantes digestives pour éviter d'introduire l'Humidité dans le système digestif. Contre-indiquée dans les cas de Flegme.

SHENG DI HUANG

FONCTIONS ET UTILISATIONS

Dissipe la Grande Chaleur et rafraîchit le Sang. Utilisée dans les cas de forte fièvre, soif et langue rouge et en cas d'hémorragie lorsque, selon la M. C.T., la Grande Chaleur pénètre le Sang.

✦

Nourrit le Yin et génère des fluides. Indiquée dans les cas de faible fièvre constante avec bouche sèche, constipation et sueurs nocturnes.

✦

Rafraîchit le Feu du Cœur en pleine activité – ulcères linguaux et buccaux, irritabilité et insomnie.

✦

Traite le syndrome de la Soif Qui Mine comme, par exemple, le diabète.

Gan Jiang

ZINGIBER OFFICINALE

Racine de gingembre séchée

干姜

PROPRIÉTÉS
Piquant, Chaud

MÉRIDIENS CONCERNÉS
Rate, Estomac, Poumons et Rein

La Gan Jiang est particulièrement efficace dans le traitement des états déficients dus au Froid, par exemple un pouls faible, une langue blanche et autres symptômes du Froid. Cette plante réchauffe non seulement le Milieu (Rate et Estomac), mais elle traite aussi les symptômes des Poumons et des Reins. Elle est contre-indiquée dans les cas de Yin Déficient accompagnés de signes de Grande Chaleur ou de saignement Chaud et doit être utilisée avec prudence pendant la grossesse.

À DROITE *La racine fraîche du gingembre entre dans de nombreuses recettes culinaires et applications médicales.*

FONCTIONS ET UTILISATIONS

Réchauffe le Milieu et chasse le Froid ; réchauffe la Rate et l'Estomac. À prendre dans les cas de manque d'appétit, de membres froids, diarrhées, vomissements et douleurs abdominales.

✦

Restaure le Yang anéanti et expulse le Froid Intérieur (chez une personne en état de choc, très froide avec un pouls faible).

✦

Réchauffe les Poumons et transforme le Flegme - en cas de Poumon Froid avec expectorations fluides.

✦

Réchauffe les canaux et stoppe l'hémorragie de type déficient Froid ; par exemple, saignement chronique et pâle lié à d'autres symptômes de Froid et de Déficience.

Huo Ma Ren

CANNABIS SATIVA

Graines de chanvre indien

大麻仁

PROPRIÉTÉS
Sucré, Neutre

MÉRIDIENS CONCERNÉS
Rate, Estomac et Gros Intestin

La Huo Ma Ren est la graine de cannabis non germée, qui n'a donc pas les effets de la fumée des feuilles ou de la résine de cannabis ! Les graines doivent être broyées dans un mortier avant d'être bouillies. La Huo Ma Ren est fréquemment utilisée comme plante légèrement humidifiante contre la constipation. Pour cela, on la mélange avec la Dang Gui et la Sheng Di Huang dans la gélule Run Chang Wan à base de plantes. Un surdosage pouvant provoquer des nausées et des vomissements, il est préférable de l'éviter.

FONCTIONS ET UTILISATIONS

Humidifie et nourrit les Intestins : à utiliser dans les cas de constipation, surtout chez les personnes âgées, après un accouchement ou en cas de Sang Déficient.

✦

Nourrit le Yin - tonifie légèrement le Yin, mais est surtout utilisée en cas de constipation de type Yin Déficient (manque de fluides).

✦

Élimine la Grande Chaleur et favorise la cicatrisation des plaies ; utilisée en usage externe pour soigner plaies et ulcères.

À GAUCHE ***La Huo Ma Ren est la graine non germée de chanvre indien.***

HUO XIANG

Huo Xiang

HERBA AGASTACHES SEU POGOSTEMI

Patchouli

Utilisé dans les cas où l'Humidité a créé une obstruction interne, afin d'aider la Rate à retrouver son rôle qui consiste à transporter et transformer la nourriture dans tout le corps. C'est la plante de l'Empereur (plante principale) dans la formule brevetée Huo Xiang Zheng Chi Wan, utilisée dans le traitement de la grippe intestinale.

藿香

PROPRIÉTÉS
Piquant, Légèrement Tiède

MÉRIDIENS CONCERNÉS
Poumons, Rate et Estomac

À DROITE ***Le Huo Xiang est utilisé pour éliminer les dépôts blanchâtres sur la langue.***

FONCTIONS ET UTILISATIONS

Transforme l'Humidité dans les cas de ballonnements abdominaux ou épigastriques, nausées, fatigue, manque d'appétit et langue blanche et pâteuse.

✦

Harmonise la zone du Milieu et arrête les vomissements. Peut aussi être utilisé dans les cas de nausées matinales.

✦

Libère l'Extérieur et expulse l'Humidité comme dans les cas de grippe intestinale.

AVERTISSEMENT

Aucune des plantes utilisées pour se débarrasser de l'Humidité (langue chargée ou présence de Flegme) ne doit être utilisée dans les cas de Yin Déficient avec signes de Grande Chaleur (révélés par une langue qui pèle).

Fu Ling

PORIA COCOS

Poria

FU LING

茯苓

PROPRIÉTÉS
Sucré, Fade, Neutre

MÉRIDIENS CONCERNÉS
Cœur, Rate et Poumons

Le Fu Ling est un champignon très utilisé car il renforce la Rate et élimine l'Humidité et par conséquent, facilite la digestion. C'est l'un des principaux ingrédients de l'ordonnance Liu Jun Zi Wan (la décoction des Quatre Gentilshommes) qui renforce le Chi. C'est aussi un ingrédient essentiel de l'ordonnance Liu Wei Di Huang Wan qui tonifie le Yin et permet d'équilibrer les plantes principales qui pourraient rendre le patient trop humide et provoquer des problèmes digestifs. La plante présente très peu de contre-indications et peut être utilisée en toute sécurité par la plupart des gens.

FONCTIONS ET UTILISATIONS

Favorise la miction et absorbe l'Humidité. À utiliser dans les cas de miction difficile, de diarrhée ou d'œdème (rétention d'eau).

✦

Renforce la Rate et harmonise le secteur du Milieu. Contre le manque d'appétit, les diarrhées ou les ballonnements.

✦

Renforce la Rate et transforme le Flegme. En M. C.T., le Flegme peut aussi être la cause de palpitations, maux de tête et étourdissements. Il se signale toujours par une langue chargée et grasse.

✦

Apaise le Cœur et l'Esprit. À utiliser dans les cas de palpitations, insomnie ou perte de mémoire.

À GAUCHE ***Le Fu Ling permet de renforcer la Rate.***

Wu Jia Pi

ACANTHOPANAX GRACILISTYLUS

Acanthopanax

Le Wu Jia Pi est particulièrement efficace contre l'arthrose, lorsque le Foie et les Reins sont affaiblis. L'énergie du Rein diminue avec l'âge, provoquant des faiblesses au niveau des tendons et des os, surtout dans les jambes. Le Wu Jia Pi réchauffe et traite les troubles liés à l'Humidité Froide qui entrave la circulation : les articulations du genou raidies ou les jambes enflées, par exemple. Il peut être pris seul : ajouter la plante séchée, ou en décoction, à un peu de vin. Le Wu Jia Pi ayant tendance à assécher, il faut l'utiliser avec précaution en cas de Yin Déficient (manque de fluides) avec signes de Grande Chaleur.

五加皮

PROPRIÉTÉS
Piquant, Tiède

MÉRIDIENS CONCERNÉS
Foie et Reins

FONCTIONS ET UTILISATIONS

Expulse le Vent Humide et renforce les tendons et les os. À utiliser dans les cas d'arthrose provoqués par un Vent Humide et Froid, surtout chez les personnes âgées.

✦

Transforme l'Humidité et réduit les gonflements ; efficace dans les cas de miction difficile et d'œdème.

À DROITE ***Le Wu Jia Pi est particulièrement utile pour soigner l'arthrose.***

Ban Xia

PINELLIA TERNATA

Pinellia

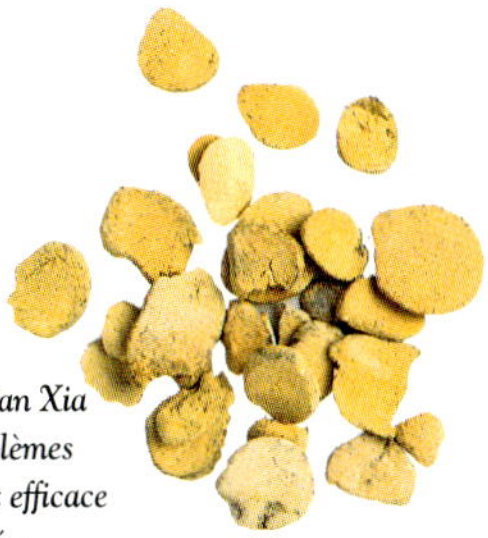

À DROITE ***La Ban Xia soulage les problèmes d'estomac et est efficace contre les nausées matinales.***

半夏

PROPRIÉTÉS
Piquant, Tiède, Toxique

MÉRIDIENS CONCERNÉS
Rate et Estomac

La Ban Xia est utilisée dans les cas de ballonnements et de nausées provoqués par l'Humidité ou le Flegme dans la Rate et l'Estomac. Elle est souvent utilisée avec la Chen Pi et peut être ajoutée aux prescriptions contre les nausées. Elle a tendance à réchauffer et à assécher et doit donc être utilisée avec prudence dans tous les états de Grande Chaleur, quand le Yin est Déficient ou que les fluides sont réduits. Elle peut être toxique à très fortes doses mais possède un antidote, le Gian Jiang (une plante digestive).

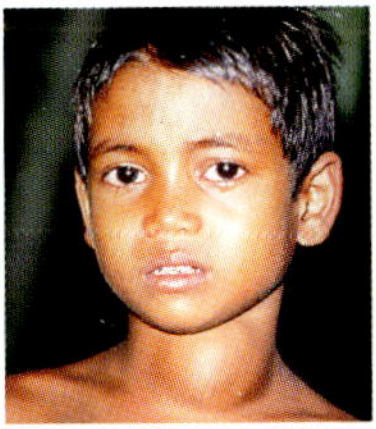

À GAUCHE ***Le goitre est le résultat d'une hyperactivité de la glande thyroïde et se manifeste souvent sous la forme d'un gonflement dans le cou. On peut utiliser la Ban Xia pour le soigner.***

FONCTIONS ET UTILISATIONS

Absorbe l'Humidité et expulse le mucus. À utiliser dans les cas de toux très grasse.

✦

Aide la Rate à sécher et à produire moins de mucus.

✦

Harmonise l'Estomac et fait cesser les vomissements ; important antiémétique, particulièrement pendant la grossesse.

✦

Réduit les grosseurs et disperse les nodules ou la douleur provenant de la présence de Flegme dans la poitrine et la glande thyroïde.

Jie Geng

RADIX PLATYCODI GRANDIFLORI

Racine de campanule à grandes fleurs

半夏

PROPRIÉTÉS
Amer, Piquant, Neutre

MÉRIDIEN CONCERNÉ
Poumons

Plante couramment utilisée contre les affections pulmonaires. De température moyenne, elle peut traiter les problèmes Chauds ou Froids, de Chi Déficient ou de Yin Déficient (manque de fluides), des affections du nez ou de la gorge. Le Jie Geng entre dans de nombreuses ordonnances pour orienter les autres plantes vers le haut du corps. Contre-indiquée dans les cas où le patient vomit du sang (expectorante, elle aggraverait les saignements).

CI-DESSUS *Achetez les plantes chez un fournisseur spécialisé.*

À DROITE *Le Jie Geng est une plante ascendante qui influence le haut du corps.*

FONCTIONS ET UTILISATIONS

Fait circuler le Chi du Poumon et expulse le Flegme. À utiliser dans plusieurs cas de toux en fonction de la plante à laquelle elle est mélangée. Utile dans les cas de toux chronique ou aiguë.

✦

Bénéfique pour la gorge. À utiliser dans les cas de maux de gorge ou de perte de voix dus à un virus ou à un Yin Déficient avec symptômes de Grande Chaleur Montante.

✦

Encourage l'écoulement de pus, surtout dans les cas de pus associé à des abcès de la gorge ou du poumon.

✦

Oriente les effets des autres plantes vers le haut du corps.

Ren Shen

RADIX GINSENG

Racine de ginseng de Chine

人参

PROPRIÉTÉS
Sucré, Légèrement Amer, Légèrement Tiède

MÉRIDIENS CONCERNÉS
Poumons et Rate

Le ginseng est de grande valeur, tant marchande que médicale, non seulement parce qu'il faut six à sept ans pour le cultiver, mais aussi parce qu'il tonifie à la fois le Chi (et combat ainsi la fatigue) et le Yin (en générant des fluides). C'est une plante très apaisante et très efficace contre le stress. Le ginseng est légèrement tiède, il est donc contre-indiqué en cas d'hypertension ou de Yin Déficient avec Grande Chaleur Montante. Parce qu'il est onéreux, on le remplace souvent par la Dang Shen dans les prescriptions.

À DROITE ***Il faut éviter de prendre du ginseng pendant une longue période, car il peut provoquer des problèmes de santé.***

FONCTIONS ET UTILISATIONS

Puissant tonifiant du Chi ancestral ou génétique. Utilisé dans les états de choc avec respiration superficielle, souffle court, membres froids, pouls faible et sueur abondante. Le Ren Shen peut être utilisé seul.

✦

Tonifie les Poumons et stimule le Chi. À utiliser aussi dans les cas où la respiration est difficile et sifflante et où les Reins ne peuvent capter le Chi des Poumons, en cas d'asthme, par exemple.

✦

Renforce la Rate et tonifie l'Estomac. À utiliser dans les cas de léthargie, manque d'appétit, ballonnements et diarrhée.

✦

Génère des fluides et apaise la soif ; utile dans les cas de diabète et après une forte fièvre.

✦

Bénéfique au Chi du Cœur, calme l'esprit. Utile dans les cas de palpitations avec anxiété, insomnie, perte de mémoire et agitation.

DANG SHEN

Dang Shen

RADIX CODONOPSIS PILOSULAE

Racine de codonopside

La Dang Shen a les mêmes effets que le Ren Shen, mais il est moins puissant et moins cher. Son dosage est donc plus élevé que celui du Ren Shen. La Dang Shen est employée dans tous les cas de Chi Déficient et élève le Chi du Yang pour redresser tout prolapsus. On l'utilise essentiellement dans le traitement des problèmes digestifs et elle constitue le principal composant dans la prescription Liu Jun Zi Wan (des Quatre Gentilshommes), un tonique du Chi.

黨參

PROPRIÉTÉS

Cru : Sucré, Neutre ; Frit : Sucré, Tiède

MÉRIDIENS CONCERNÉS

Les 12 canaux, surtout ceux du Cœur, des Poumons, de la Rate et de l'Estomac.

FONCTIONS ET UTILISATIONS

Tonifie la zone du Milieu, profite au Chi et renforce l'Estomac et la Rate. Les symptômes traités comprennent manque d'appétit, fatigue, membres lourds, diarrhées, vomissements et prolapsus.

✦

Tonifie les Poumons. Utilisée contre les toux chroniques, souffles courts et expectorations abondantes dus à un Chi de la Rate Déficient.

✦

Nourrit les fluides raite le diabète et la soif.

À DROITE *La Dang Shen permet de soulager certains symptômes comme le manque de souffle.*

Gan Cao

RADIX GLYCYRRHIZAE URALENSIS

Racine de réglisse

甘草

PROPRIÉTÉS
Sucré, Neutre

MÉRIDIENS CONCERNÉS
Poumons et Rate

La racine de réglisse est sucrée et neutre. On dit qu'elle peut pénétrer les douze méridiens et donc une petite quantité est souvent ajoutée à de nombreuses prescriptions pour modérer les effets des plantes Chaudes ou Froides, ou pour atténuer les propriétés toxiques d'autres plantes. Sa fonction consiste souvent à rendre une prescription plus digeste. La Gan Cao régule le pouls, mais peut être cause d'hypertension ou d'œdème si elle est consommée trop longtemps. Elle est contre-indiquée dans les cas de nausées ou de vomissements importants.

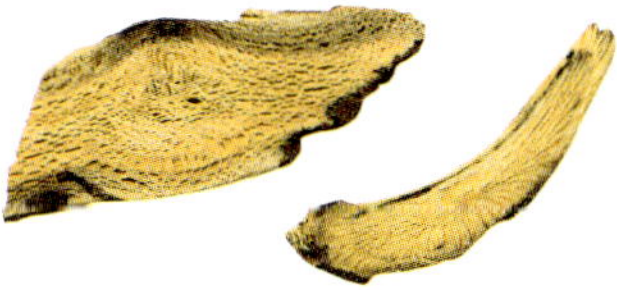

CI-DESSUS ***La Gan Cao peut être utilisée pour réguler le pouls.***

FONCTIONS ET UTILISATIONS

Tonifie la Rate et profite au Chi. Utile dans les cas de fatigue, souffle court et selles molles ; Chi Déficient ou Sang Déficient, avec un pouls irrégulier ou des palpitations.

✦

Humidifie les Poumons et fait cesser tout type de toux, y compris sifflante.

✦

Évacue la Grande Chaleur et désintoxique le Feu du Poison (plaies infectées), furoncles, plaies et infections de streptocoques dans la gorge.

✦

La Gan Cao frite calme les spasmes douloureux à l'abdomen ou aux jambes.

✦

Modère et harmonise les autres plantes.

✦

Sert d'antidote contre plusieurs toxines, en usage externe ou interne.

SHU DI HUANG

Shu Di Huang

RADIX REHMENNIAE GLUTINOSA

Racine de réhmanie gluante

La Shu Di Huang est une plante très puissante, qui tonifie à la fois le Sang et le Yin. Les Reins sont à la source du Yin et du Jing, l'énergie génétique qui détermine la constitution d'une personne. En traitant le Jing, la Shu Di Huang permet de retarder le processus du vieillissement. Le recours abusif à cette plante très grasse peut provoquer des ballonnements et des selles molles ; il faut donc la mélanger soigneusement. La Shu Di Huang est l'ingrédient principal du Liu Wei Di Huang Wan (prescription aux Six Goûts), prescription tonique la plus basique du Yin.

熟地黄

PROPRIÉTÉS
Sucré, Légèrement Tiède

MÉRIDIENS CONCERNÉS
Cœur, Rein et Foie

FONCTIONS ET UTILISATIONS

Tonifie le Sang. Les symptômes traités comprennent pâleur de la peau, vertiges, palpitations et problèmes menstruels.

✦

Nourrit le Yin. À utiliser en cas de Yin du Rein Déficient avec sueurs et émissions nocturnes, diabète et acouphènes.

✦

Tonifie à la fois le Sang et le Jing du Rein. À utiliser en cas de douleurs dans le bas du dos, surdité, jambes faibles et cheveux prématurément gris.

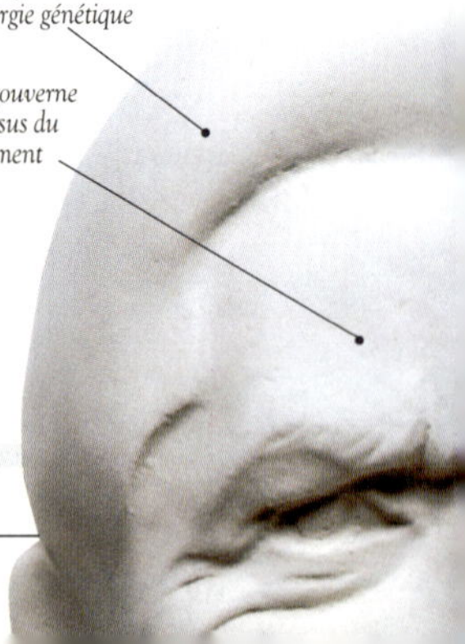

À DROITE ***La Shu Di Huang et le He Shou Wu agissent sur le Jing.***

HE SHOU WU

He Shou Wu

RADIX POLYGONUM MULTIFLORUM

Racine de renouée à fleurs nombreuses

La He Shou Wu est l'une des rares plantes (avec la Shu Di Huang) à renforcer le Jing. Permet ainsi de prévenir les signes de vieillissement lorsque le Jing s'affaiblit (son nom signifie « cheveux noirs »). Elle abaisse le taux de cholestérol du sang et protège contre le durcissement des artères. Comme toutes les plantes humides, elle doit être soigneusement mélangée pour éviter de trop humidifier la Rate et provoquer ainsi diarrhées ou flegme.

何首烏

PROPRIÉTÉS
Amer, Sucré, Astringent, Tiède

MÉRIDIENS CONCERNÉS
Foie et Rein

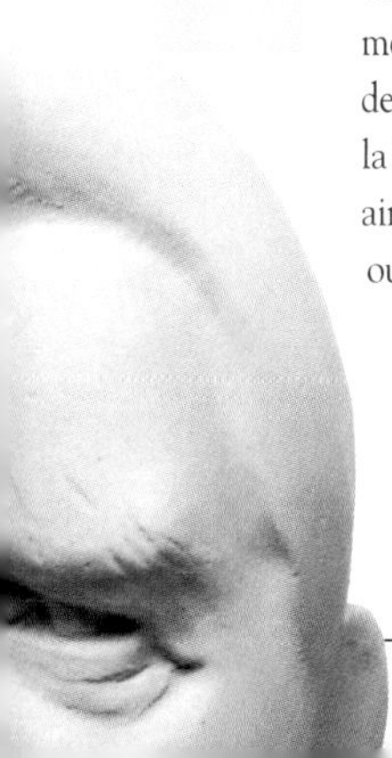

FONCTIONS ET UTILISATIONS

Tonifie le Foie et les Reins, nourrit le Sang et le Jing. Prévient l'apparition des cheveux gris, de la calvitie, de mouches devant les yeux (signe de Sang du Foie Déficient), les faiblesses dans le bas du dos et les raideurs des membres.

✦

Affermit le Jing. À utiliser en cas d'éjaculation précoce, d'écoulement de sperme et de pertes vaginales.

✦

Contre le Feu du Poison. À utiliser cru pour soigner les furoncles, plaies et goitre.

✦

Humidifie et débloque les Intestins. Soulage de la constipation, surtout chez les personnes âgées.

✦

Expulse le Vent de la peau en nourrissant le Sang. Efficace dans le traitement des urticaires.

✦

Traite la malaria – surtout sa forme chronique qui provoque des déficiences du Chi et du Sang.

DANG GUI

Dang Gui

RADIX ANGELICA SINENSIS

Racine d'angélique chinoise

當歸

PROPRIÉTÉS
Sucré, Piquant, Amer, Chaud

MÉRIDIENS CONCERNÉS
Cœur, Foie et Rate

La Dang Gui est essentielle dans le traitement des troubles gynécologiques car elle tonifie et facilite la circulation du Sang, mais elle n'est pas écœurante comme certaines des plantes utilisées pour tonifier le Sang. À associer à tout traitement contre la douleur. En M. C. T., la douleur est provoquée soit par un Chi Stagnant, soit par un Sang Stagnant. Cette plante ayant tendance à échauffer, il faut l'utiliser avec précaution dans les affections du Yin Déficient accompagnées de Grande Chaleur (sueurs nocturnes, par exemple).

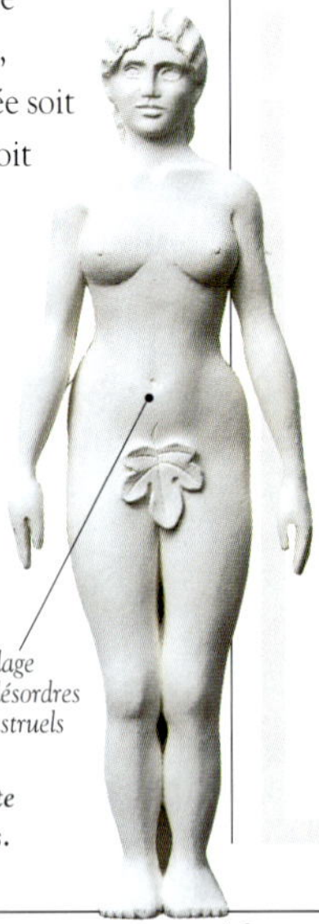

À DROITE ***La Dang Gui traite les problèmes gynécologiques.***

FONCTIONS ET UTILISATIONS

Tonifie le Sang et régule les menstruations. À utiliser en cas de pâleur de la peau, vision floue, vertiges, palpitations dues à un Sang Déficient. À utiliser également en cas de troubles menstruels associés à un Sang Déficient (règles irrégulières, aménorrhée et dysménorrhée).

✦

Fortifie le Sang et disperse le Froid : très efficace pour stopper la douleur due à ce que la M. C. T. considère comme une stase du Sang. Traite les blessures traumatiques, les douleurs abdominales et l'arthrose.

✦

Humidifie et libère les Intestins.

✦

Réduit les gonflements, évacue le pus et facilite la régénération de la peau. Soigne les plaies et les abcès.

Chen Pi

PERICARPIUM CITRUS RETICULATAE

Écorce de mandarine

CHEN PI

La Chen Pi est une plante très importante car elle « réveille la Rate », l'empêchant de devenir trop Humide. Elle favorise la suppression du mucus des régions de la poitrine et du diaphragme. On ajoute de faibles quantités de Chen Pi aux prescriptions de toniques afin de les rendre plus digestes. Plante (aromatique) tiède et asséchante, la Chen Pi doit donc être utilisée avec prudence dans les états Chauds et Secs comme la toux sèche ou le flegme jaune.

陳

皮

PROPRIÉTÉS

Piquant, Amer, Tiède, Parfumé

MÉRIDIENS CONCERNÉS

Rate, Estomac et Poumons

CI-DESSOUS ***On utilise la Chen Pi pour traiter le Chi Stagnant.***

FONCTIONS ET UTILISATIONS

Déplace le Chi et renforce la Rate. Traite les ballonnements abdominaux et le manque d'appétit.

✦

Assèche l'Humidité et transforme le Flegme ; recommandée contre les toux expectorantes et la sensation d'oppression dans la poitrine.

✦

Oriente le Chi vers le bas et fait cesser tous types de nausées et vomissements.

✦

Favorise la prévention de la stagnation ; on l'ajoute aux prescriptions pour empêcher les plantes toniques et « grasses » de provoquer des nausées.

CHUAN XIONG

Chuan Xiong

RADIX LIGUSTICUM WALLICHII

Racine de ligustique

川芎

PROPRIÉTÉS
Piquant,
Tiède

MÉRIDIENS CONCERNÉS
Foie, Vésicule Biliaire et Péricarde

Beaucoup de troubles gynécologiques sont imputables au Sang Stagnant, qui peut être traité par la Chuan Xiong. C'est aussi une des principales plantes utilisées dans le traitement des maux de tête (sauf les migraines provoquées par le Yang Montant du Foie, car elle déplace également le Chi dans la partie supérieure du corps). Tout dépend des plantes auxquelles elle est mélangée.

Les démangeaisons seraient provoquées par le Vent dans la peau. Comme la Chuan Xiong expulse le Vent, elle est particulièrement appropriée dans les cas d'affections cutanées. Plante échauffante, elle doit par conséquent être utilisée avec prudence dans les cas de Yin Déficient avec signes de Grande Chaleur. La Chuan Xiong est contre-indiquée en cas de règles hémorragiques, car elle charrie le Sang très rapidement.

FONCTIONS ET UTILISATIONS

Fortifie le Sang et favorise la circulation du Chi. À utiliser dans les cas de Sang Stagnant tels que dysménorrhée, aménorrhée et accouchement difficile. À utiliser aussi contre les douleurs de poitrine ou de la partie supérieure de l'abdomen.

✦

Expulse le Vent et soulage la douleur ; se déplace vers le haut et les parties externes du corps. Utile contre les maux de tête, surtout d'origine virale. À utiliser aussi en cas de vertiges et raideurs dues à l'arthrose. Traite les démangeaisons provoquées par le Vent.

À DROITE *Les règles douloureuses sont provoquées par le Sang Stagnant et peuvent être soulagées par la Chuan Xiong.*

Du Zhong

CORTEX EUCOMMIAE ULMOIDES

Écorce d'eucommia

DU ZHONG

La Du Zhong tonifie le Foie et les Reins. Puisque le Foie régit les tendons et que les Reins gouvernent les os, on peut utiliser la Du Zhong pour traiter les problèmes de squelette. Les reins sont soumis à un stress particulier pendant la grossesse. Comme la Du Zhong est une plante échauffante, on l'utilise pour soigner les femmes enceintes qui risquent une fausse couche à cause d'un Rein qui présente une déficience de Froid. Elle est en revanche contre-indiquée dans les états de Yin Déficient avec signes de Grande Chaleur.

杜仲

PROPRIÉTÉS
Sucré, Légèrement Piquant, Tiède

MÉRIDIENS CONCERNÉS
Foie et Rein

FONCTIONS ET UTILISATIONS

Tonifie le Foie et les Reins, renforce les tendons et les os. À utiliser aussi en cas de lombalgie, genoux faibles et douloureux, émissions de sperme et mictions fréquentes.

✦

Facilite la circulation du Sang et du Chi, surtout dans les tendons et les os.

✦

Apaise le fœtus et contribue donc à la prévention des fausses couches. Particulièrement indiquée pendant la grossesse, surtout en cas de lombalgie.

À GAUCHE *La Du Zhong peut soulager les problèmes de grossesse.*

SUAN ZAO REN

Suan Zao Ren

ZIZIPHUS JUJUBA

Graine de jujubier

酸棗仁

PROPRIÉTÉS
Sucré, Acide, Neutre

MÉRIDIENS CONCERNÉS
Cœur, Rate, Foie et Vésicule Biliaire

La Suan Zao Ren est l'une des principales plantes utilisées pour calmer le Cœur. On l'utilise en association avec d'autres plantes pour calmer le Cœur et tonifier le Sang, dans le traitement de l'anxiété et des problèmes émotionnels provoqués par une déficience du Sang du Cœur et du Yin. Des tests en laboratoire ont démontré que la Suan Zao Ren avait un effet sédatif. Elle doit être utilisée avec prudence chez des patients souffrant de diarrhées graves. Le Shen (Esprit) Perturbé réagit aussi au traitement par la Suan Zao Ren.

À DROITE ***Depuis des milliers d'années, on utilise des produits naturels pour soigner la maladie.***

FONCTIONS ET UTILISATIONS

Nourrit le Cœur et le Foie et apaise l'Esprit. Soigne l'insomnie, les palpitations, l'anxiété et l'irritabilité.

✦

Absorbe la sueur. À utiliser en cas de transpiration spontanée et de sueurs nocturnes, qui sont des symptômes de Yin Déficient.

Bai Shao Yao

PAEONIA LACTIFLORA

Racine de pivoine blanche

白芍

PROPRIÉTÉS
Amer, Acide, Frais

MÉRIDIENS CONCERNÉS
Foie et Rate

On utilise la Bai Shao Yao lorsque le Foie ne remplit plus son rôle de conducteur du Sang et du Chi. Cela se produit quand le Chi du Foie est lui-même Bloqué ou « Contraint », ou quand il y a discordance entre le Foie et la Rate. Ces deux organes sont normalement en rapport étroit dans l'abdomen supérieur. Plante rafraîchissante, la Bai Shao Yao tonifie le Sang et le Yin et empêche la Chaleur de monter au cerveau. Elle ancre le Chi dans les Reins. Ainsi, du fait de la relation réciproque entre le Foie et les Reins, la Bai Shao Yao aide le Yin du Rein à contenir le Yang du Foie et à prévenir des symptômes tels que l'hypertension et les maux de tête.

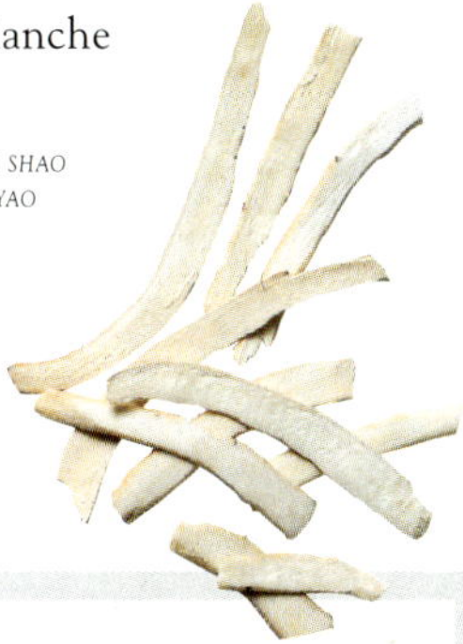

BAI SHAO YAO

FONCTIONS ET UTILISATIONS

Apaise le Foie et la douleur. Utile dans le traitement des douleurs à la poitrine et aux côtés, des crampes abdominales, des spasmes des mains ou des pieds. Favorise le traitement des maux de tête et des vertiges provoqués par un Yang Montant du Foie.

✦

Nourrit le Sang. À utiliser en cas de dysfonctionnement menstruel, pertes vaginales et saignements utérins.

✦

Contient le Yin et régule les fluides. À utiliser en cas de sueurs anormales ou nocturnes.

Gui Zhi

RAMULUS CINNAMOMI CASSIAE

Bâtons de cannelle

桂枝

PROPRIÉTÉS
Piquant, Sucré, Tiède

MÉRIDIENS CONCERNÉS
Poumons et Vessie

La Gui Zhi est utilisée principalement contre les coups de froid et la grippe, et souvent associée à la Bai Shao Yao quand, à la suite d'un coup de froid, le patient transpire trop et s'affaiblit. On l'ajoute aussi fréquemment aux prescriptions contre les troubles rhumatismaux provoqués par une obstruction Froide génératrice de douleur, car la Gui Zhi envoie de la chaleur dans les méridiens. Cette plante est contre-indiquée dans le traitement des maladies Chaudes.

FONCTIONS ET UTILISATIONS

Régule la sudation lors de coups de froids provoqués par des conditions externes ; cela permet ainsi de soulager les rhumes.

✦

Réchauffe les méridiens et disperse le Froid. Particulièrement efficace en cas de douleurs rhumatismales froides, surtout au niveau des épaules.

✦

Déplace le Yang et transforme le Chi - efficace en cas de rétention d'eau (œdème).

✦

Renforce le Yang du Cœur et peut être utilisée pour apaiser les palpitations.

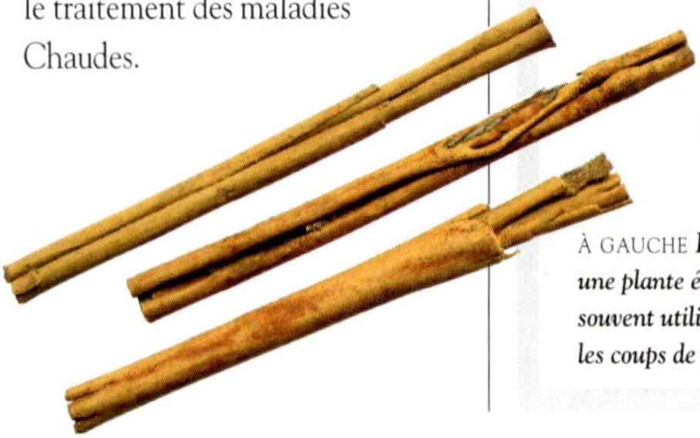

À GAUCHE ***La cannelle est une plante échauffante, souvent utilisée pour soigner les coups de froid.***

Affections courantes

LES PLANTES MÉDICINALES CHINOISES *sont des remèdes extrêmement efficaces, qui ne doivent être utilisés que sous le contrôle d'un thérapeute expérimenté et qualifié. Chaque prescription est soigneusement adaptée à chaque patient. L'absorption de médicaments inadaptés ou de doses inadéquates peut avoir des conséquences inattendues, voire dangereuses, pour la santé.*

CI-DESSUS ***Les herboristeries proposent une grande variété de plantes.***

À la différence de la médecine occidentale, la médecine chinoise ne dispose pas de remèdes généraux prêts à l'emploi pour des maladies spécifiques. Bien au contraire, chaque cas étant particulier, les remèdes chinois sont prescrits en fonction de types complexes de dysfonctionnement, ainsi que des effets des plantes correspondantes. Ainsi, toute bronchite est un phénomène individuel, qui nécessite des plantes et un traitement spécifiques. C'est pourquoi l'automédication ou l'administration d'un traitement par un profane est non seulement déconseillée, mais aussi extrêmement risquée !

Vous ne devez donc pas vous soigner vous-même à partir des exemples de médication rassemblés dans les pages qui suivent, mais vous y reporter, à titre d'information.

QUELS REMÈDES ?

Les remèdes chinois sont souvent composés de plusieurs plantes. C'est pourquoi leur nom n'indique pas toujours leurs composants individuels.

Si, dans les pages qui suivent, vous trouvez des informations qui semblent répondre à votre problème de santé, n'oubliez pas qu'il s'agit seulement d'indications superficielles et générales, que vous ne devez en aucun cas expérimenter. Allez interroger un herboriste chinois qualifié, qui vous conseillera très précisément sur les bonnes plantes et les bons dosages.

ACNÉ
• Cai Feng Zhen Zhu An Chuang Wan. Contient de la nacre.

ACOUPHÈNE
On distingue les états excessifs (Foie Montant et Feu de la Vésicule Biliaire, Feu du Flegme) et les déficiences du Rein ou du Jing qui affaiblissent le Yang Montant du Foie.
• Long Dan Xie Gan Wan. Contre les états excessifs. Début brutal, sons bruyants, acouphène associé à une tension émotionnelle, irritabilité possible avec yeux rouges, soif et constipation.
• Er Ming Zuo Ci Wan/Pilules auditives Tso-Tzu. En cas de Yin du Rein Déficient avec un Feu du Foie Montant. Début progressif, sons bas, légers vertiges, mauvaise mémoire, vision floue, mal au dos et aux genoux et manque de désir sexuel.

AMYGDALITE
• Liu Shen Wan. Ne pas appliquer en cas d'irritations de la gorge au premier stade d'une attaque de Vent, mais contre la véritable amygdalite. Dans le cas d'une infection à streptocoques surajoutée, il pourrait être nécessaire de combiner cette prescription avec une autre.
ATTENTION Contient des produits d'origine animale. Interdit pendant la grossesse.

ANÉMIE
Sang Vide.
• Dang Gui Pian/Infusion à l'angélique. Tonifie également le Chi de la Rate pour aider le Sang.
• Dang Gui Wan/Pilules à l'angélique. Dang Gui pur.
• Dang Gui Bu Xue Tang/Décoction de Tangkuei. Tonifie le Sang.

ARTÉRIOSCLÉROSE
Stagnation du Sang dans le Cœur et les vaisseaux sanguins.
• Kuan Hsin Su Ho Wan. Aussi utilisé pour prévenir les crises cardiaques.
ATTENTION Ne pas utiliser pendant la grossesse.

ARTHROSE ET RHUMATISMES
Provoqués par une invasion de Vent, de Froid ou d'Humidité.
• Du Huo Ji Sheng Wan. Utile en cas de Vent Humide dans les articulations, surtout au niveau du bas du dos et des genoux.
• Chuan Bi Tang. Particulièrement bénéfique pour le haut du dos et les épaules.

ASTHME
Déficience du Chi du Poumon ou du Yin du Poumon, possibilité de déficience du Yin du Rein ou du Yang du Rein ou flegme.
• Ping Chuan Wan/Gélules pour calmer l'asthme chronique.
• Qing Qi Hua Ta Tang. Contre le flegme gluant.

CHUTE DES CHEVEUX, CHEVEUX GRIS
• Shou Wu Pian. Nourrit le Sang du Foie, le Chi du Rein et le Jing.

CONSTIPATION
Provient de Grande Chaleur, Stagnation du Chi, déficience (du Chi, du Yang, du Sang ou du Yin) ou Froid Intérieur.

• Ma Ren Wan. Contre la Grande Chaleur (selles sèches, soif, urine foncée).
• Run Chang Wan. Contre la constipation chronique, de toute nature.
• Mu Xiang Shun Qi Wan. Contre la stagnation du Chi.

COUPS DE FROID ET GRIPPES

• Gan Mao Ling Pian. Contre les coups de froid et la grippe, les refroidissements, la fièvre et les irritations de la gorge.
• Sang Ju Gan Mao Pian. Contre toux, congestions et nez qui coule.
• Tung Hsuan Li Fei Pian. Contre les maux de tête, la fièvre, les frissons et la toux.

CYSTITE

Syndrome de miction douloureuse due à la Grande Chaleur ou à la Grande Chaleur Humide.
• Ba Zheng San.

DÉPRESSION

Stagnation du Chi du Foie qui affecte le corps et l'esprit en même temps.
• Xiao Yao Wan. Traite aussi le syndrome prémenstruel.

DIARRHÉE

Froid Humide ou Grande Chaleur Humide ; déficience de la Rate ou de l'Estomac ou déficience du Yang du Rein.
• Huo Xiang Zheng Chi Wan. Contre la grippe intestinale.
• Mu Xiang Shun Qi Wan et Shen Ling Bai Zhu Wan. Deux gélules prises ensemble en cas de diarrhée et de constipation alternées (stagnation du Chi du Foie avec déficience du Chi de la Rate).
• Liu Jun Zi Pian. Contre les selles molles, la diarrhée, l'indigestion (déficience du Chi de la Rate).
• Xiang Sha Liu Jun Zi Wan. Mêmes symptômes, plus nausées.

DIGESTION MAUVAISE

• Ping Wei Wan. Contre la dyspepsie, les crampes abdominales ou les ballonnements, le manque d'appétit, la diarrhée et la nausée.
• Xiang Sha Yang Wei Wan. Contre les ballonnements, les gargouillements, la nourriture non digérée dans les selles, les selles irrégulières ou pâteuses.
• Shi Chuan Da Bu Wan. À prendre après une maladie, un état de faiblesse ou un accouchement.

DOULEUR DIGESTIVE

• Mu Xiang Shun Qi Wan. Contre la douleur épigastrique sourde qui empire sous la pression, les renvois, les régurgitations acides, la mauvaise haleine et les vomissements de nourriture non digérée.
• Shu Gan Wan. Contre douleur et distension clairement associées à un état émotionnel, le sentiment d'oppression au niveau de la poitrine, un léger manque de souffle et les renvois.
• Bao He Wan. Contre la douleur abdominale qui empire sous la pression et après les repas, l'impression d'un estomac trop plein, la diarrhée qui soulage la douleur, ou la constipation.

DYSMÉNORRHÉE

Forte douleur due à la stagnation du Chi et du Sang, la stagnation du Froid,

la Grande Chaleur Humide.
Légère douleur due à la déficience du Chi et du Sang, déficience du Foie et du Rein.
- Xiao Yao Wan. Contre la stagnation et la douleur associées à des caillots de sang.
- Wu Ji Bai Feng Wan. Pour tous types de troubles menstruels.
- Dang Gui Shao Yao Wan. Pour les problèmes de Foie et de Rate.

FATIGUE

Due principalement à une déficience du Chi ou à une déficience du Chi et du Sang.
- Shi Chuan Da Bu Wan. Tonifie la Rate, le Chi du Cœur et le Yang du Rein, et nourrit le Sang. Contre la fatigue, la mauvaise digestion, l'anxiété et la faiblesse.
- Bu Zhong Yi Qi Wan.
Contre la déficience du Chi, mais aussi dans certains cas d'encéphalomyélite myalgique, car il dissipe un peu la Grande Chaleur (virus résiduel).
- Gelée royale au ginseng. Pour le Chi de la Rate et le Chi du Poumon. Favorise l'absorption de nourriture.

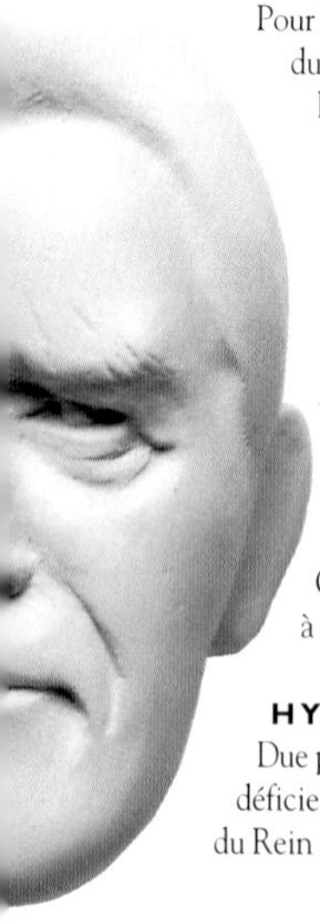

FLEGME

Dans les Poumons, la gorge et les narines.
- Qing Qi Hua Ta Tang/ Comprimés expectorants de pinellia. Contre la congestion des bronches ou des sinus et l'asthme.
- Zhi Sou Ding Chuan Wan. Contre l'asthme associé à une toux et du flegme gluant.

HYPERTENSION

Due principalement à une déficience du Chi du Rein ou du Yin du Rein associée à un Foie hyperactif.
- Fu Fang Du Zhong Pian. Calme le Feu du Foie et le Vent du Foie, et tonifie le Chi du Rein. L'hypertension est caractérisée par un visage congestionné, des maux de tête, des vertiges et des palpitations.

INSOMNIE

Due au Feu du Foie ou du Cœur, Grande Chaleur du Flegme, déficience de Sang du Cœur et de la Rate, déficience du Yin du Cœur, discordance entre le Cœur et les Reins.
- Gui Pi Wan. Renforce le Chi de la Rate et du Cœur, le Yin du Cœur et le Sang.
- Tian Wang Bu Xin Wan. Pour le Yin du Cœur et le Sang.
- Suan Zao Ren Tang. Contre l'Esprit (Shen) perturbé et des rêves trop fréquents.
- An Mian Pian. En cas de Grande Chaleur et de congestion du Foie.

IRRITATIONS DE LA GORGE

- Yin Qiao Jie Du Pian.
En cas de symptômes grippaux, ganglions enflés et maux de tête.
- Sang Ju Gan Mao Pian ou Sang Ju Yin Pian. En cas de symptômes de coup de froid.
- Liu Wei Di Huang Wan. Contre le mal de gorge qui peut être dû à une déficience du Yin du Rein ou être chronique et sec, associé à des paumes de mains et des pieds moites et des sueurs nocturnes.

LEUCORRHÉE (PERTES VAGINALES)

Due au Froid Humide (pertes blanches) ou Grande Chaleur Humide (pertes jaunes), entraînant une Grande Chaleur Humide dans les Reins ou une déficience du Chi du Rein et de la Rate.
- Yu Dai Wan. Formule classique pour soigner la Grande Chaleur Humide dans l'utérus et le Rein.

• Zhi Bai Ba Wei Wan. Déficience du Yin du Rein associée à des bouffées de chaleur, des sueurs nocturnes et un sommeil agité.

• Bu Zhong Yi Qi Wan. Déficience du Chi de la Rate avec Humidité, associée à de la fatigue, un souffle court et des selles molles.

LOMBALGIE

• Yao Tong Pian. Déficience du Yang du Rein (douleur dans la région des reins).

MAUX DE TÊTE / CÉPHALÉES

Maux de tête Extérieurs (soudains, dus au Vent Froid), Intérieurs (déséquilibre interne) ou d'après la localisation de la douleur (méridiens affectés).

• Chuan Xiong Cha Tiao San. Très efficace contre les maux de tête soudains associés à un rhume ou à de la fièvre.

• Huo Xiang Zheng Qi Wan. Provoqués par l'Humidité Externe (intoxication alimentaire, refroidissement) avec une douleur sourde sur la zone frontale.

• Tian Ma Qu Feng Bu Pian. Quand la déficience du Yin du Rein permet au Yang du Foie de monter.

• Tian Ma Gou Teng Yin. Mal de tête attribuable au Yang Montant du Foie, sur les tempes, les côtés de la tête et les sourcils.

MÉNOPAUSE

• Liu Wei Di Huang Wan. Tonifie le Yin du Rein qui diminue avec l'âge.

NAUSÉES ET VOMISSEMENTS

Voir aussi Digestion.

• Er Chen Wan. Dissout le Flegme, résorbe l'Humidité de la Rate et harmonise le Centre (organes digestifs).

ŒDÈME (RÉTENTION D'EAU)

Le Yang de la Rate et du Rein ne peut plus transporter et transformer l'eau, provoquant un gonflement des jambes ou de l'abdomen inférieur.

• Wu Ling San. Tonifie le Yang de la Rate pour résorber l'œdème, surtout dans l'abdomen inférieur.

• Jin Gui Shen Qi Wan. Tonifie le Yang du Rein pour résorber l'œdème, surtout dans la partie inférieure des jambes.

PROBLÈMES OCULAIRES

Les problèmes oculaires proviennent essentiellement du Yin du Rein ou du Sang du Foie, car ces deux méridiens mènent aux yeux.

• Qi Ju Di Huang Wan. Contre la vision floue, les yeux secs et douloureux, la pression derrière les yeux et une mauvaise vision nocturne.

• Ming Mu Di Huang Wan. Contre les yeux rouges qui démangent, la mauvaise vue, la photophobie et les yeux qui coulent.

PROBLÈMES SEXUELS DE L'HOMME

• Jin Suo Gu Jing Wan. Tonifie le Yang du Rein. Contre les écoulements de sperme et l'éjaculation précoce.

PROLAPSUS

• Bu Zhong Yi Qi Wan. Contre le prolapsus de l'utérus, du rectum et du colon, dû à une déficience du Chi et du Yang. Utilisé aussi contre les hémorroïdes, les varices et hernies. Efficace également en cas de saignement de l'utérus, fausses couches répétées et diarrhée chronique.

RHUME DES FOINS

• Bi Yan Pian.
Contre les affections provoquées par le Vent Froid ou le Vent Très Chaud au visage. Éternuements, yeux qui démangent, congestion faciale et sinusite, rhinite aiguë et chronique et allergies nasales.

• Yu Ping Feng San.
Favorise la prévention du rhume des foins et protège contre les allergies.

• Cang Er Zi Tang. Contre la rhinite allergique avec expectorations jaunes et épaisses ou nez bouché.

SINUSITE

• Bi Yan Pian.
Très efficace contre la sinusite, surtout si celle-ci est associée à un écoulement nasal jaune et gluant et difficile à extraire.

• Cang Er Zi San.
En cas d'écoulements abondants et verts, de maux de tête et de douleurs.

• Xin Yi San. En cas d'écoulements nasaux abondants, clairs ou blancs, de congestion nasale et de douleur.

SYNDROME PRÉMENSTRUEL

Dû essentiellement à la stagnation du Chi du Foie.

• Xiao Yao Wan.
Contre les seins douloureux, les sautes d'humeur et la maladresse.

• Yue Ju Wan. Combat la dépression.

• Chai Hu Su Gan Tang. Particulièrement efficace contre les seins douloureux et les gonflements.

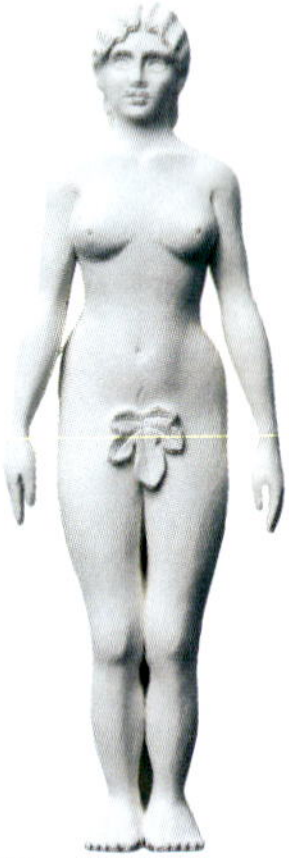

SYSTÈME IMMUNITAIRE

• Yu Ping Feng San.
Contre les rhumes récurrents ; soutient le Wei Chi (énergie défensive).

TOUX

Les toux peuvent être provoquées par le Vent Froid, la Grande Chaleur ou la Sécheresse ainsi que par le Flegme Humide (flegme blanc et copieux), la Grande Chaleur du Flegme (flegme jaune et collant) ou, en présence d'une toux de type « déficient », par la déficience du Chi du Poumon ou la déficience du Yin du Poumon.

• Sang Ju Gan Mao Pian.
Contre les toux sèches.

• Ma Xing Zhi Ke Pian.
Contre les affections du type Vent Froid ou Vent Très Chaud, de caractère aigu.

• Chi Kuan Yen Wan.
Contre les toux sèches avec flegme collant ou les bronchites chroniques avec Flegme Humide.

• Potion contre la toux au fritillaire et au loquat.

Bibliographie

ARCHANGE (Gérard),
Précis de massage chinois,
éd. Prodim, 1996.

Dr CHEN YOU-WA,
Les Plantes médicinales chinoises,
éd. Laffont, 1990.

Dr DAIGNEAULT (Réjean),
Les Merveilles de la médecine chinoise,
éd. Réjean Daigneault, 1990.

Pr MARIÉ (Éric),
Précis de médecine chinoise,
éd. Dangles, 1997.

Pr MARIÉ (Éric),
Grand Formulaire de pharmacopée chinoise,
éd. Paracelse, 1991.

TURETTA A.,
Guide de la médecine traditionnelle chinoise,
éd. De Vecchi, 1998.

Adresses utiles

Association française d'acupuncture
3, rue de l'Arrivée
75015 PARIS
Tél. : 01 43 20 26 26

Centre médical d'acupuncture chinoise
81, rue de Lille
75007 PARIS
Tél. : 01 45 55 12 15

Fédération européenne de médecine chinoise
79370 VITRÉ (France)
Tél. : 05 49 32 88 50
Fax : 05 49 32 86 32

Hôpital de l'Assistance publique Tenon (Consultation acupuncture-homéopathie)
4, rue de Chine
75020 PARIS
Tél. : 01 56 01 65 81

Dans la même collection

Aromathérapie

Beauté naturelle

Biorythme

En bonne santé par l'alimentation

Essences florales

Homéopathie

La santé par les plantes

Les remèdes de Dame Nature

Massages

Médecines douces

Réflexologie

Shiatsu

Technique Alexander

Vitamines et minéraux

Yoga